「どっちでもいい」をやめてみる

引田かおり

ポプラ社

はじめに

もし私がもう一度生まれ変わるときに、神さまが「何かひとつ、能力を授けよう」と言ってくれるとしたら、迷わずに「自己肯定感をください！」と言うと思います。

周囲からの愛情があってもなくても、人は成長し、学校に通って勉強し、社会に出て働いたり、結婚したりしなかったり。そうして少しずつ世の中の仕組みが分かってくるほど、努力がいつも報われるわけじゃないとか、格差や差別のない平和な世界の実現がどれだけ難しいことなのか気づきます。とりあえず目の前の課題に取り組み、毎日を粛々と生きているだけで、あっという間に過ぎていく時間。

最近まわりを見渡すと、「もっとこうしたいけど、できない」「いつかこうなりたいけど、私には無理」と、現状の人生に満足していない人を目にすることがあります。もちろんそういう欠落感やそこから生まれる欲望が、次のステップへのモチベーションになることも知っています。でもそうではなくて、とにかく「自分は駄目なんだ」と、最初から決めつけてしまっている。だから何かつまずきや不都合があるたびに、「ほ〜ら、やっぱり私は駄目だったよね」と、くり返し確認することになってしまうのです。

なぜできないことばかりに目が向いてしまうのでしょう。例えばもし私が銀行員や会計士みたいな職業を選んでいたら、苦しくて苦しくて耐えられなかったと思います。そういう職業に向く人は、数字が大好きで、ピタッと計算が合うことに快感がある人。私は少しくらい帳尻が合わなくても、全然平気。お金は大事だけど、それがすべてじゃないと思い続けています。なりたい自分になるためには、まずは自分の長所や短所を理解し、得意なことを磨くのがいちばんの近道です。大切なのは、自分の適性を見極めること。誰かができることが自分にできないだけで、人格まで全否定する必要はありません。「自分は駄目だ」という世界から、何としてでも抜けだすべきなのです。

かくいう私も40歳近くまで、自分のことはたいていあとまわしでした。自己肯定感は低く、夫のため、子どものため。そういう基準で生きていれば、後ろ指を指されないだろうって。大事にされたい、愛されたいと願っているのに、実は自分が自分を、全然大事にしていなかったのです。自分で自分の評価が低いから、いくら人から褒められても満足できないという、負のスパイラルでした。

私の場合、まずやるべきことは、「NO」と言う練習でした。「どっちでもいいよ」と、選択を自分以外の人に委ねたままでは、自分の人生は生きられない。それは毎日食べたい食事、手にする生活道具といった些細なことから、家事や仕事の仕方、人間関係など、すべてに通じること。失敗も後悔も恐れることなく、そのときの正直な気持ちを表現するには、「練習」が必要でした。本当に練習が必要なんです。

親にも上司にも友人にも好かれたいし、褒められたい、認められたい。そのことを優先していると、大切な自分の本心がどんどん深い沼に沈んでいって、もはや引き上げることができなくなってしまうと思うのです。もし自分に自信が持てないのなら、まずは「どっちでもいい」をやめて、私自身の「好き」を優先させ

ましょう。どんな結果になっても、「それが最善の選択だった」と、自分を肯定していきましょう。ときには反省も必要です。長年かけて私がやっと気がついた、気持ちのいい人生の歩き方。みんなが「好き」を優先できる勇気を、持てたらいいなと思っています。

自分らしく生きていく上で、「こだわる」ということはとても大事だと思っています。こだわりは執着とは違い、自分の能力を磨くチャンスです。こだわりや強い思いは、能力なのです。

「トラネコボンボン」の中西なちおさんは絵がとても好きで、絵ばかり描いている子どもだったそうです。でも大人になって、「絵描きにはなれないな」と感じたそう。では何ができるのか、料理だったら仕事にできると、料理の腕を磨こうと決断します。こうして「旅する料理家・トラネコボンボン」が誕生するわけですが、料理とともに彼女の描く絵に魅了される人は増え（もちろん私もそのひとり）、展らん会や本の制作の話が持ち込まれるようになります。「私は絵描きじゃないから」と当時はくり返していたなちおさん、しかしまわりは放ってはおきません。だって大人可愛い動物たちの絵は、家に飾りたい、チャーミング極まりない作品ばかり。こうして今や、料理よりも絵を描く時間が増えているのが彼女の現状です。

私たちが営むパン屋「ダンディゾン」の店長・森も、社会人になるときの第一目標が菓子製造でした。ところが入社して配属されたのは営業職。そこで彼女は気づいていなかった才能を発揮します。人の名前と顔を覚えるプロだったのです。開店当初から店を支えてくれている彼女は、２００人以上のお客さまの顔と名前をしっかり記憶しています。しかも小さい頃に引っ越して、中学生くらいになって来られたお子さんも、「○○ちゃん!」と認識できて、とても驚かれています。自分のことを覚えてくれている。接客されて、これほど嬉しいことはありませんよね。接客が天職だったのです。こうして自分のこだわりを見つけて、それを磨き、仕事にすることは、本当にしあわせなことです。

私が育った環境は少々複雑で、当たり前の家族にとても憧れがありました。家は商売をしていて、家族がバラバラに夕飯を食べる家だったから、みんなで食卓を囲む夕ごはんにとても憧れていました。そういうこだわりが会社員の夫を選び、専業主婦でいることを選択したんだと思います。もちろん生きているうちにこだわりは変化していきます。人と暮らすこと、子どもを育てることで、たくさんの発見もありました。やってみたら「一生専業主婦でいい」というほど家事が好きなわけでもなく、「子どもにもそれぞれ人格、人生があるのだ」と、クールな自分に驚きました。パン屋やギャラリーを始めてみて、仕事が本当に好きだし、自分の仕事で誰かが喜んでくれたら本当にしあわせを感じます。そして、伝えたいことがたくさんあることに気がついたのです。

私の人生にも、上手くいかず悶々と過ごす長いトンネルがいくつもありました。でもジタバタする時間は、決して無駄ではなかったと思います。人生においては、それこそが貴重な時間と言っても過言ではありません。自分で考え、人や世の中のせいにしないで、自分と向き合って本当のことを見つめ直すこと。ときにはひとり、スマートフォンもテレビも消して、そういう時間を持ってみるのはいかがでしょうか。

「どっちでもいい」をやめてみる
もくじ

第2章　「変わる私」を楽しんでみる

第3章　ずっと変わらず好きなもの

第4章 私を守るもの　いたわるもの

第5章　人生は「選ぶこと」でできている

第1章

私に合う、だから使う

世の中は誰かのおすすめ商品であふれていますが、
それらはあくまで参考に。
ものを選ぶときの基準はいつも、
自分の感性や暮らしに、しっくりくるかどうか。
多くの人が「とりあえずこれでいいか」と流すものであっても、
適当なものを使うことが我慢できない性分で、
よりよいものを探す旅は、いつまでも続いています。
その分「これだ!」と思えるものと出会えたときの喜びもひとしお。
日々の暮らしの定番品の一部を、ご紹介します。

「衣・食・住」、あなたの優先順位は、どんな順番ですか？　私はずっと変わらず、「食」が不動の一位の人生です。母はとても料理上手な人でした。最初の結婚で娘3人を残して夫に先立たれ、戦後の大変な時代を過ごします。その後私の父と再婚し、突然福岡へ引っ越して商売を始めるという、なかなか波瀾万丈な人生です。商家は時間がある人から夕飯を食べるので、「家族で食卓を囲む」ということがほとんどありません。住み込みのお姉さんを含めると、10人の夕食です。それぞれが温かいものを食べられるようにと、何度も台所に立っていましたね。太巻きや細巻きとゆで卵は、私が学生時代のお弁当の定番。そしてぬか味噌作りはもちろん、毎年たくさんの白菜を干しては漬け、お正月のおせちやお彼岸のおはぎ、ちらし寿司も得意料理でした。時間に余裕のある今の私でも、面倒でやらないことばかりです。

私の「美味しい」は、確実に母に育ててもらったと思っています。当時はものがない、外食しようにもお店がなかった時代でしたが、もう一度、家でごはんを食べるのが当たり前に戻るのもいいんじゃないかと思います。「美味しい」は十人十色、みんな違っていて面白いですね。「美味しい」が共通しているとすぐ仲良くなれて、ぐっと距離が縮まります。

結婚しても子育て中でも、仕事があっても、私にとって大事なのは今日のごはん。

うっかり食べ忘れたなんてことは、人生一度もありません。作るのはそう手のこんでいないシンプルな料理。新鮮な材料を「焼く・蒸す・炒める・煮る」で、本当に美味しい。そしてその献立を支えてくれるのが器やカトラリーです。

２０２０年は、毎日３食、本当によくごはんを作りました。60代と70代の夫婦としては、気をつけざるをえない連日の報道。慎重な夫は、大好きな居酒屋通いを封印していました。１日の大半を家で過ごすとなると、今まで以上に気持ちのいいものに囲まれていたい。機能や性能ばかりではなく、可愛い形とかいいデザインとか、目に入るものがよりいっそう気になります。自分の暮らしに寄り添ってくれる好きなものたちは、１日はいても疲れない、ピタリとサイズの合う靴のよう。たくさんの中から「これ」を選ぶことで、日々が成り立っていると言えるでしょう。

私が考える献立を毎日すんなり受け入れる夫を見ていて、ふと不思議になりました。自分が「食べたいな」と思うものと、全然違う献立だったりしないのかしら？そうしたら「朝・昼・晩同じものを食べているから、リズムが似てくるんじゃないかな」って。さっぱりが続いたら、こってり。お昼にしっかり食べたら、夜は軽く。時間を積み重ねることでお互いの好き嫌いも分かり、理解も深まります。好きなものの選びや美味しい工夫が続く毎日、まだまだ私の買い物は続きそうです。

スタイリストの高橋みどりさんが持っていたヴェネツィアの白皿をもとに
陶芸家の伊藤環さんが制作した角皿が、わが家の定番パン皿。
四角い角皿は和風にころびがちですが、この器は絶妙の塩梅です。

パン屋が選ぶ
パン皿とトースター

「どうしてパン屋をやろうと思ったのですか？」というのは、くり返し聞かれた質問です。今告白すると、本当の答えは「ただ、何となく」だったんです。「自分の住む街に、美味しいパン屋を作りたくて」とたびたびお答えしてきましたが、これはあとからつけ足した模範回答で、本当はふと沸き起こった「思いつき」だったんです。大人になった私は、すっかり理論武装してしまいました。

でも最近は、この説明しようのない「何となく」が、実は本当に求めていること、自分でも気づいていない深いところにある真実かも……と感じています。これからは、「理由なんてなくていい、上手く説

食パンはもちろん、クロワッサンもチーズトーストも、理想の焼き上がり。
「お餅も美味しく焼けるようにしてほしい！」とバルミューダさんにお願いしたところ
こちらも大満足な仕上がりになっていました。

明できなくてもいいんだ」、美味しいパンを食べながら、ピンとくる直感に正直に、生きていこうと思っています。

扇風機が大ヒットした「バルミューダ」という会社は、私たちが住む武蔵野市に本社があると知り、嬉しくなり手紙を書きました。そうしたら「世界中を放浪して、ミュージシャンになろうと思っていた」という社長さんが店を訪ねてきてくださり、「次に考えているのはトースターなんです」とびっくりなお話。厨房の見学やパンの提供など、全面協力を申し出たのは言うまでもありません。

でき上がったトースターも大ヒット。「土砂降りの雨の中のバーベキューで、焼いたパンが美味しかったのはなぜなんだ」と、その疑問が商品開発につながったんだとか。いいものが生まれるとき、そこには必ず物語がありますね。パン屋が自信を持ってすすめるトースターです。

器を手で持ち上げるのは、日本独特の食文化。軽すぎず、重すぎず、
「やっぱり好きだなあ」「使っていて心地いいな」という感覚を飯碗や汁椀で
毎日味わうことは、長い目で考えるととても大切なことだと思います。

食卓の基本となる飯碗と汁椀を選ぶ

パン屋を営んでおりますが、食事の基本は何といってもお米です。もっとごはんを食べて、日本の農業を応援したいと常々思っています。さて案外難しいのが、ごはん茶碗。ひとつと決めず、気分に合わせて粉引きや瀬戸と揃えたい、いつものごはんを美味しく食べたい。誌面の素敵なスタイリングを長年うっとり眺めていたら、フードスタイリストの高橋みどりさんとご縁ができて、ギャラリーで器展を開催しました。そこでは教わることがたくさん。出会った器は、決してひとりではたどり着けなかったものたちです。

浅井庸介さんの飯碗は手触りも優しく、ごはんがとっても美味しく感じます。新

わが家の朝食はお雑煮やきなこ、磯辺巻きなどなど、週に2日はお餅です。
くだものと飲み物を合わせて、ほんの10分、15分程度で準備ができ、
お腹も心も満足度が高い。おすすめの朝ごはんです。

宮州三さんの汁椀は、味噌汁もお汁粉も、何だかいつもより格上げされる。わが家で間違いなく最多出場の器たちです。

ところでお餅って、最高の非常食だと思いませんか。災害時、いつもと変わらないものを食べたり飲んだりすることで、どれだけ心の平安が保てることでしょう。実は私も「お正月のもの」と思っていたお餅でしたが、餅好きの夫の希望で、朝ごはんに食べるようになりました。あら、なんて簡単、なのに消化も良くて腹持ちもいい。胃腸に負担がかかる玄米も、お餅にしたら食べられます。

息子がサンフランシスコへ留学していた6年間、ことあるごとに荷物にお餅を入れて送りましたが、帰国して「実は一度も食べなかった」と言われました。ごはんを炊くより簡単で、個別のパックなら日持ちもするのになあ。みんなにもっともっと食べてほしい食材です。

こちらの竹フォークは高知の竹製品専門店「竹虎」のもの。
パスタを入れた器は、白い器を多く手掛けている、岡田直人さんのスープ皿。

あたりがやわらかな木のカトラリー

どうにもぞくっとする苦手な音があります。金属のカトラリーが、ギーッとお皿にあたる音は鳥肌もの。和菓子に添える菓子切りはたいてい、竹や木製ですよね。日本は自然に耳を傾け、しとやかにいただく文化ということでしょうか。

パスタ用の大きめのフォークを、いろいろ探して試しました。ちょっとしたことなのに、「これしか見つからないから、仕方がない」と、流せない性格なのです。見た目が良くても使ってみなければ、そのよし悪しは分からないもの。最近ではグルテンフリーの美味しいパスタの種類がたくさんあって、出番の多いメニューたちを気持ちよく、優雅に食べたい。今

右は木工作家・吉川和人さんが手掛けた楓素材のスプーン。
浅めの漆塗りで、口あたりが優しいところが気に入っています。
左は小林カツ代さんのお店で揃えたステンレス製のスッカラ。

のところ竹のフォークが合格点。でもまだまだアンテナ立てて、探索中です。

フォークと同様に、スプーンもなかなか難題です。同じブランドでスッキリひと揃えといきたいところですが、世界各国の多種多様なメニューを食べる日本の食卓では、それぞれに適するスプーンの形が違っているのです。たくさんすくいたい具なしスープは深めのもの、具をしっかり口に運ぶものはあたりが優しい浅めのものがいい。

かつて吉祥寺にあった料理家・小林カツ代さんのお粥のお店でスッカラを使ったとき、優しい口あたりに感動し、早速購入しました。この浅さが、チャーハンなどのごはんものにはぴったり。最近はスッカラの形で、木のものもお気に入りです。手に取り、口に運ぶカトラリーや器など、食事は料理以外にもたくさんの要素でできていますね。

佃眞吾さんのお盆の上に並ぶのは、「晴耕社ガラス工房」が手掛ける
「吹き屋」のグラス。工房から出るガラスをリサイクルしているそうで
大量生産品にはない、温もりのある質感が魅力です。

私の暮らしに欠かせない お盆とトレー

なくても困らないけれど、あるとぐ～んと暮らしが向上するもの、それが「お盆」です。朝食やお茶とお菓子、ひとりで食べる塩ラーメンだって、お盆にのせればあら素敵。引っ越しや結婚、お祝いの贈り物は、お盆かピッチャーが私の定番です。今回の本の撮影で、手持ちのお盆を大集合（26～27ページ）。大きい丸や小さな丸、正方形や長方形。素材も軽くて丈夫な栗やチーク、他にはステンレスやメラミンなど、いろいろでした。

小さなお盆はジャムや蜂蜜をのせて、朝食の食卓に。大きなお盆に花やキャンドルをのせれば、ひとつのコーナーに。たくさんのお客さまを招くときは、グラ

イイホシユミコさんの展らん会のときに高橋みどりさんが見せてくれた
お盆にミニカップずらりの組み合わせ。お客さまからも
「同じ色で揃えなくてもいいんですね」「楽しい！」と大好評でした。

スやカップを集合させてお盆にのせ、「好きなものをお取りください」方式です。

ギャラリーを営むことで、作家さんに深く関わることができました。好きに理由はいらないけれど、見ていただく、買っていただくには、多少なりとも言葉が必要です。ものでも服でも、その背景の物語が素敵だと、ぐっと買い物の背中を押される私は、作家さんがどんなに素敵な人で、どれだけ情熱を持っているかを伝えることが仕事と思っています。

それと同様、どう使いどう飾るか、持ち帰っていただいたあとの提案も重要です。ときどきスタイリストさんに、会場の設営をお願いすることがあり、プロならではの仕事に、いつも私がいちばん感動しています。小さなお盆にイイホシユミコさんの小さなマグカップをぐるりと並べるのは、高橋みどりさんの技。早速真似しているスタイリングです。

愛用しているトレーたち。右上から時計まわりに、イイホシユミコさんのアルミトレー2サイズ、北欧のヴィンテージ、「東屋」の真鍮銀めっきのお盆、ピアヴァレンのクロストレー。

右上から時計まわりに、村瀬治兵衛さんの丸盆、新宮州三さんの角盆、「タミゼクロイソ」の栗丸盆、佃眞吾さんの我谷盆《わがたぼん》、三谷龍二さんの丸盆、チークの北欧ヴィンテージ。中央は盛永省治さんのウッドボード。

冷え取りのため靴下を重ねばきしているので、いつもハーフサイズ、
もしくはワンサイズ、大きいものを買うようにしています。
右は「アヴリル・ゴウ」のワンストラップ、左は「A.P.C.」のスニーカー。

足元から軽やかになる はきやすく美しい靴

「足元を見れば、その人となりが分かる」。それが口癖だった母がもし今生きていて、私の足元を見たならば、「何で運動靴(スニーカーとは言わない)ばかりはくの!」と、ひどく嘆いたことでしょう。お母さん、数年前に骨折した私の足首は、もうシュッとした美しい靴に耐えられないのよ。母に似た4姉妹は足に問題がなく、外国の靴がすっとはける娘でした。だから他の3人は歳を重ねた今も、姿勢よくいい革靴をはいています。私だって諦めきれず、美しい靴を買ってはいては、出先で半泣き状態。「いやいや足の健康のほうがずっと大事」と、いよいよ心を決めました。そのうちにスニーカーがどん

ギャラリーで立つ時間が長いので、はき心地のいい靴をいつも探しています。
中央奥のブーツが「メゾン マルジェラ」の「Tabi」、その前に並ぶ黒と茶の靴は「ダンスコ」。
黒のエナメルシューズと白のスニーカーは、私の足元の定番です。

どんおしゃれになり、いろんなブランドが毎シーズン競って作る、本当にいい時代がやってきました。

春夏秋冬、どの季節でも白い靴は軽やかで清々しい。「汚れが目立つ」と敬遠されますが、白いだけで気持ちも軽やかになるのが分かります。大好きな「コンバース」も基本は白、インソールを入れクッション性をアップしてはきます。

最近のヒットは何と言っても「メゾン マルジェラ」の「Tabi」。ひょいと試してみる値段ではありませんが、「買ってよかった」と大正解の靴でした。昔からある下駄や草履は理にかなっていたんですね。歩き始めた孫を観察していると、何と足の指がアクティブであることか。ギュッと地面を掴むように立つ、歩くという動作を、思い出させてくれました。足袋型のおしゃれな靴は、その遠い記憶を呼び覚ましてくれる優れものです。

右は布を選び、「お仕立て」した「CHECK＆STRIPE」のチェック柄バッグ。
左は高橋みどりさんが展らん会に合わせて作ったオリジナルのストライプ生地のバッグ。
テーブルクロスやエプロンなども作りました。

外出のお供のバッグは軽さを優先して

「持続可能なエコ」ってどういうものだろう。そう考えると、やっぱり「エコだけどおしゃれで格好いい」ということなんじゃないかしら。真面目な日本人、あっという間にマイバッグ持参が当たり前になりましたね。綿やリネン、帆布にナイロン。お店のオリジナルも、いろいろあります。みなさんが取り出す、ショッピングバッグを見るのも楽しい。

大きな水色のギンガムチェックは底が正方形で、びっくりするくらい荷物が入る、「CHECK & STRIPE」のもの。ピッチがおしゃれを左右する茶色いボーダーバッグは、高橋みどりさんのオリジナル。どちらも男性が持ってもカッコ可愛いで

迷彩ポシェットは「エルベシャプリエ」、メッシュバッグは「アローン」、
革バッグはネイビーが「ポールハーデン」、白色が「アーツ＆サイエンス」。
ピンク色のバッグは「eleven2nd」、左が「ホームスパン」のエコバッグです。

す。５kgのお米を買ってもひょいと肩にかけられる、いろんな条件を満たしたお気に入りの２枚です。

もはやバッグに望むことは、軽いこと。荷物を入れる前のバッグが、すでに重たいのは、何とも許しがたい。いえいえ、私の体力がないだけのことですけどね。ノートパソコンを持ち歩く若者は、自主トレ中のターミネーターのように感じられます。

それはさておき、「肩に短くかけると、それほど重さを感じない」と気づいてから、「腕にかけても、肩にかけてもしっくりくる長さ」がバッグ選びの必須条件となりました。ぐるぐる循環している私のワードローブですが、その中でも「ポールハーデン」のバッグは、一生をともにする長老のポジションに。ピンクのメッシュバッグは、携帯と小銭を入れて、孫の保育園のお迎えに活用しています。

暮らしで活用している
チープシックアイテム

打ち合わせや原稿の下書きには、鉛筆削りでガリガリ削った「ステッドラー」4Bの鉛筆。
「セブンイレブン」のノートの青とお揃いです。
探して行き着いた、私の希望を十分満たしてくれる職人気質のものたち。
ずっとなくならないでほしい、作り続けてほしい名品です。

「本当に自分に必要かどうか」を選ぶ基準にしたいので、値段でものを見ないように心掛けています。「高いからいい」「安いからダメ」という先入観は、とても危険。これらは暮らしに欠かせない愛用品ですが、結果的にプチプラでした。

「セブンイレブン」のノートは、安心のデザインを作り続けてくれるのが嬉しい。「無印良品」のシリコーン調理スプーンは、鍋底を傷つけることなくきれいにすくえます。毎朝玄関を拭くペーパータオルは、「コストコ」の「カークランドシグネチャー」のもの。メール全盛の時代ですが、だからこそ私は筆まめに、よく手紙を書きます。やっぱり手書きの文字は、その人そのもの。「無印良品」の封筒は、いつもまとめ買い。シーツを干したり、服の展示で使ったりと大活躍の白いラックは、「イケア」で何と1000円以下でした。

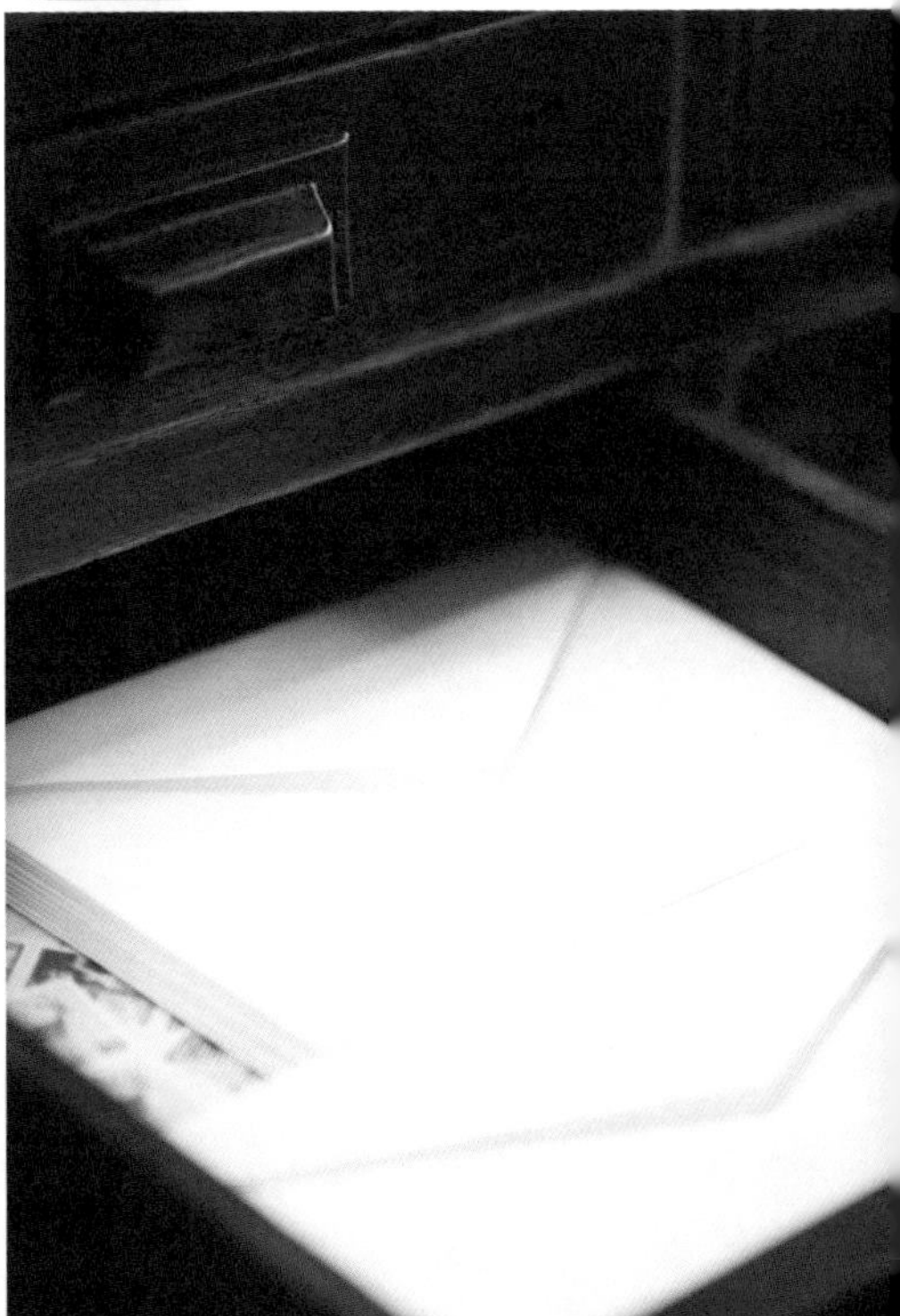

ギャラリーで何度か展らん会を行っているガラス作家のイイノナホさん。
2013年の展示で「灯りをテーマに作品を作ってみては？」と提案。
芦屋の照明メーカー「フレイム」との共作で素晴らしいランプが誕生しました。

心を落ち着かせてくれる部屋の灯りたち

晴れた日の暮れゆく空のグラデーションは、いつまでも眺めていたい景色です。すっかり暗くなる手前、せまる闇に遠慮しながら、少しずつ部屋の灯りを灯していきます。昔はもっと、夜が夜らしかった。子どもたちは足早に家に戻り、誰もが無意識に、結界を張っていたように思います。人の暮らしが明るく、それも過剰に照らせば照らすほど、大切な何かを見たり、感じたり、恐れたりする時間が減っているのではないでしょうか。自分の心の中の闇を、なかったことにしない。明るいほうを向き、希望の光を目指すためにも、ほの暗さが必要だと感じています。闇は、光に気がつくために存在して

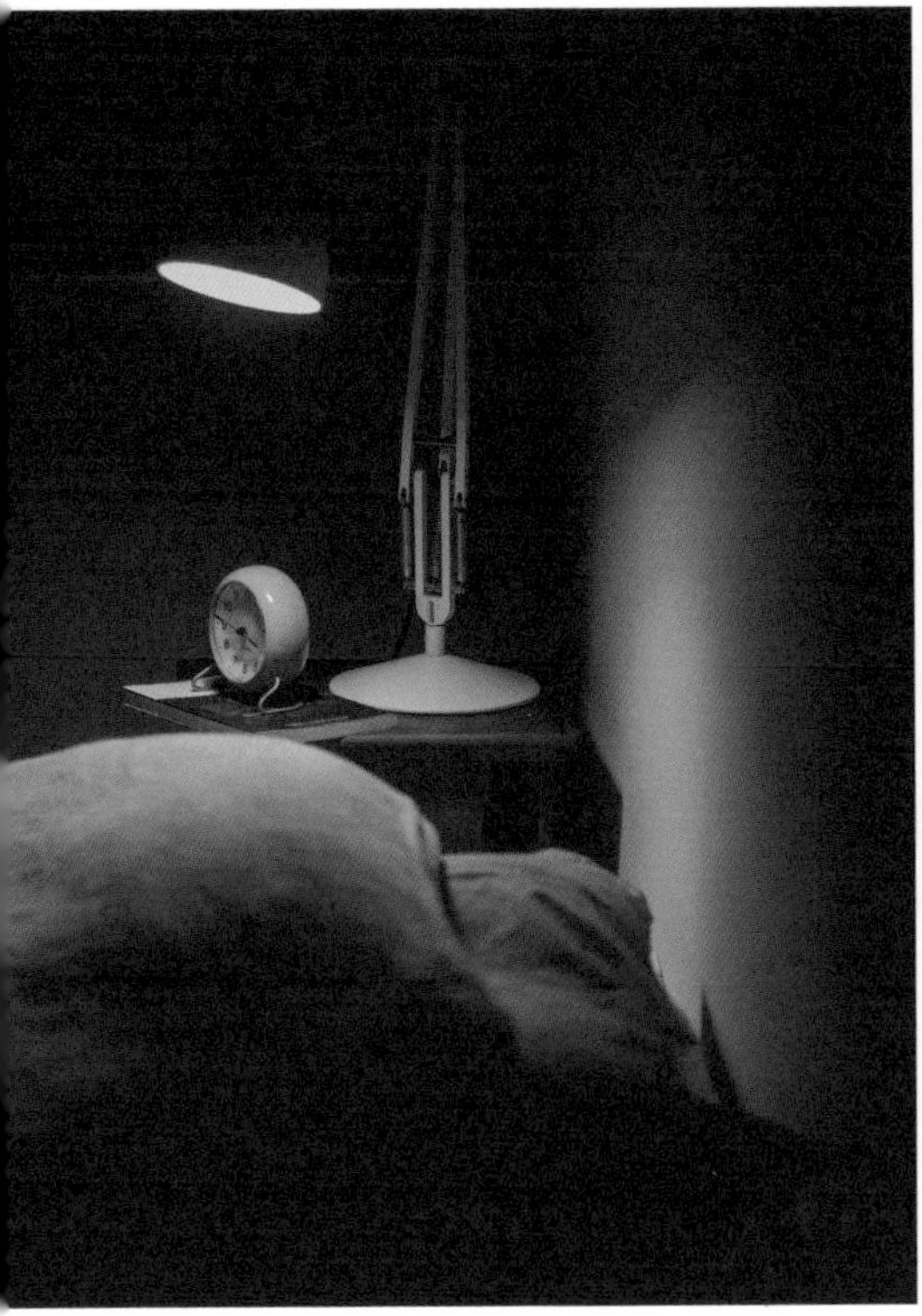

機能美あふれる「ダフィーネ」は居間に。
「アングルポイズ」のスタンドは優しいアイボリーが
ベッドサイドにふさわしく、武骨な雰囲気が気に入っています。

います。

住まいは巣。素の自分と向き合うためにも、居心地のいい空間にしたいもの。常々「日本の照明は、明るすぎるのではないかしら」と感じている私。夜はお気に入りのライトをいくつか灯し、気持ちを落ち着けています。「どっちでもいい」をやめて、心から好きだと思える照明で暮らしてみる。試す価値は、十分あると思います。

寝室の窓辺と玄関にはイイノナホさんのランプを、ベッドサイドには「アングルポイズ」のスタンドライトを読書灯として。リビングには「ルミナ」の「ダフィーネ」を、やはり読書灯として置いています。

収納アイテムというと、収容力など機能性重視で選ぶ人も多いようですが
私の場合、まず「ものとして好きかどうか」が先にきます。
ベトナムのかごは外で使ったあとも丸洗いでき、アルコール消毒なども手軽です。

入れるのが楽しくなる
デザイン重視の収納道具

かごを買ったからといって、必ずしも何か入れる必要はありません。空っぽのかごは便利、空っぽのかごは自由です。衣替えのタイミングで移動させる洋服、クリーニングに出したい大物、娘家族にお鍋ごと届けたいお惣菜、自宅からギャラリーへ、そのまた逆も……で、行ったり来たり。大中小のかごはまさしく即戦力。プラスチック製品を買うときは、何よりも慎重になる今日この頃。土に還る素材ではないから、なるべくゴミにならないもの、使い続けることを約束できるものでないと買いません。「weeksdays」のベトナムのテープ編みのかごは、3つ入れ子になっていても、軽々とクローゼ

「お花のトランク」は大中小のセットで、持ち手がついているのも便利。
シェーカーボックスは、お餅にフリーズドライのお味噌汁、紙皿や
ウェットティッシュ、ガスボンベなどなど、一式ぴったり収まりました。

ットの上の棚にのせられます。孫が遊びに来て帰るとき、たいていあれこれ荷物が増える。そんなとき「どのかごにする？」って、4歳男子。思わずニヤニヤしちゃいます。

収納アイテムを買い物するとき、何を入れようか、何に使おうかと少しは考えますが、たいていは買ってからの試行錯誤。非常時セットをまとめて入れたシェーカーボックスも、その前は夏の帽子類が入っていました。目にするものは、すっきり素敵で可愛いものがいい。ふたを閉めれば、ちょっとしたテーブルにもなりますし。「CHECK&STRIPE」の「お花のトランク」も、可愛い靴下やお気に入りのスカーフ、よそ行きの下着入れになっています。3つ重なった姿が何とも言えません。好きな「リバティ」の生地でお仕立てしてくれる、オーダーメイドなんですよ。

オーストラリアの元ファッションエディターによって作られたブランド
「マーチソン・ヒューム」。右がハンドソープ、左が食器用洗剤で製造は日本。
どちらも植物由来成分のみで作られていて、手肌にも優しいのが嬉しい。

毎日使う洗剤類は見た目も品質も大切に

ワイワイ作って食べて、高く積まれたお皿も、みんなで洗って拭けば、あっという間です。参加型のキッチンは極めてオープン、つまりは隠せない。出しっぱなしの洗剤やハンドソープ、スポンジ、たわし選びは悩みます。条件は、なるべく海を汚さないもの。でもさっぱり洗いたいし、汚れもしっかり落ちてほしい。詰め替え可も必須条件。主婦として40年、どれだけ試したことでしょう。

外国製のようなデザインのこの2本、実は「メイド・イン・ジャパン」なんです。そして、見掛け倒しじゃない高い満足度。プッシュ式の容器は詰まりにくいし、きれいを保てるところもお気に入り。しば

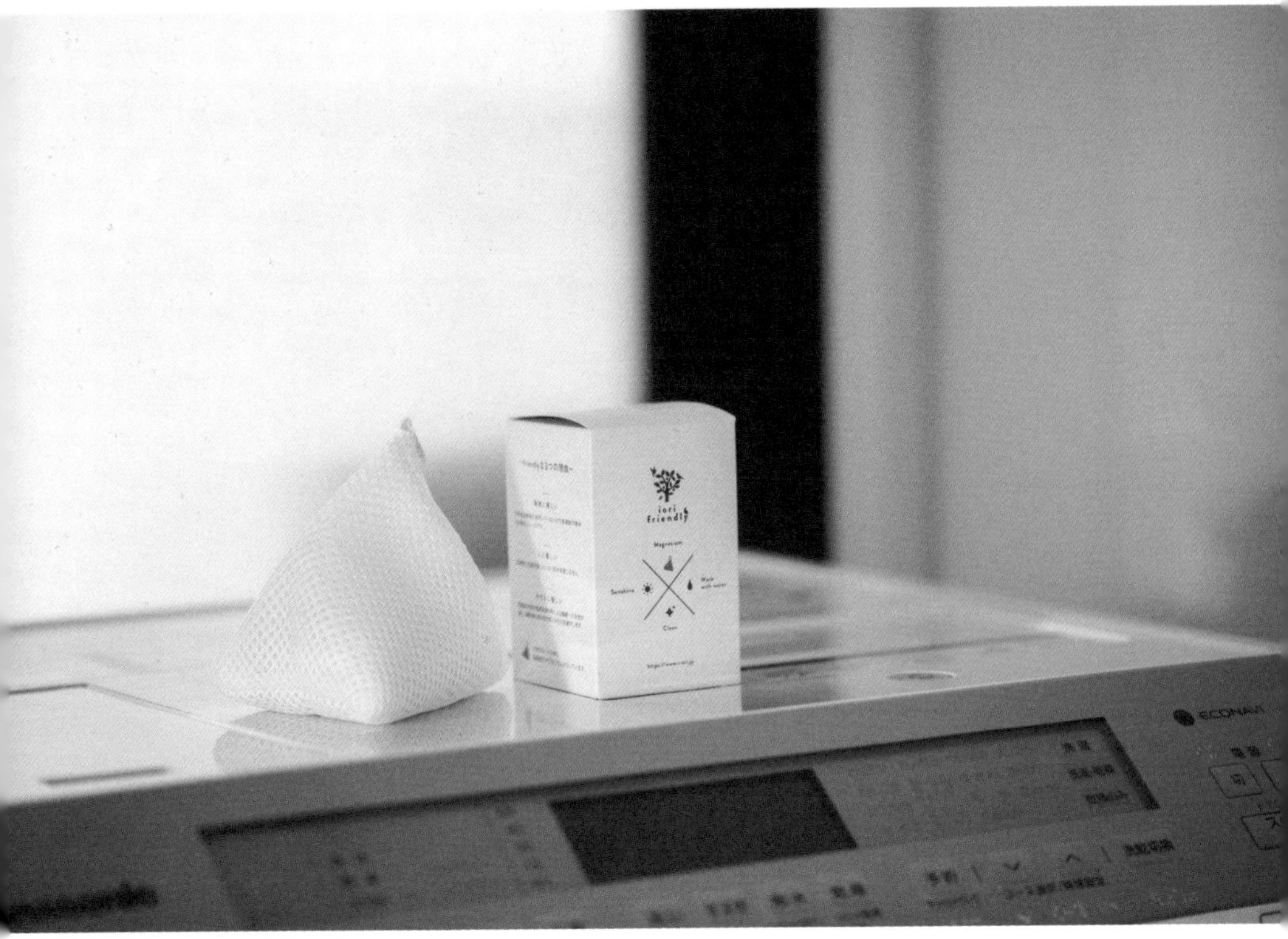

高純度のマグネシウムと一緒に衣類を洗濯するだけで水素が発生し、
アルカリイオン水に変化。洗剤なしでも、皮脂汚れをすっきり落としてくれます。
消臭力、抗菌力にも優れ、柔軟剤を使わなくてもふんわりとした仕上がりに。

らくは「これいいよ」の声に、気持ちがぐらつくこともないと思います。

　私たちに与えられた特殊能力、それは想像力だと思います。実際に経験したこと以外に、本を読んだり映画を観ることで、時空を超えて、旅することさえできるのです。自分が流したものが海へ届くこと。海にはたくさんの生き物が住んでいること。この目で確かめなくても、みんなが想像できることです。毎日の洗濯、その排水、何を使うのがいいのでしょうか？

　町工場の職人さんたちは、真っ黒になった手をマグネシウムで洗っていました。それに目をつけて開発された「洗たくマグちゃん」。効能は約３００回で衰えますが、マグネシウムは自然界にあるものなので、使い終わったら土にまけばいいそうです。洗濯洗剤からマグちゃんに変えて、しっかり観察しましたが、匂いも汚れもまったく問題ありませんでした。

第2章
「変わる私」を楽しんでみる

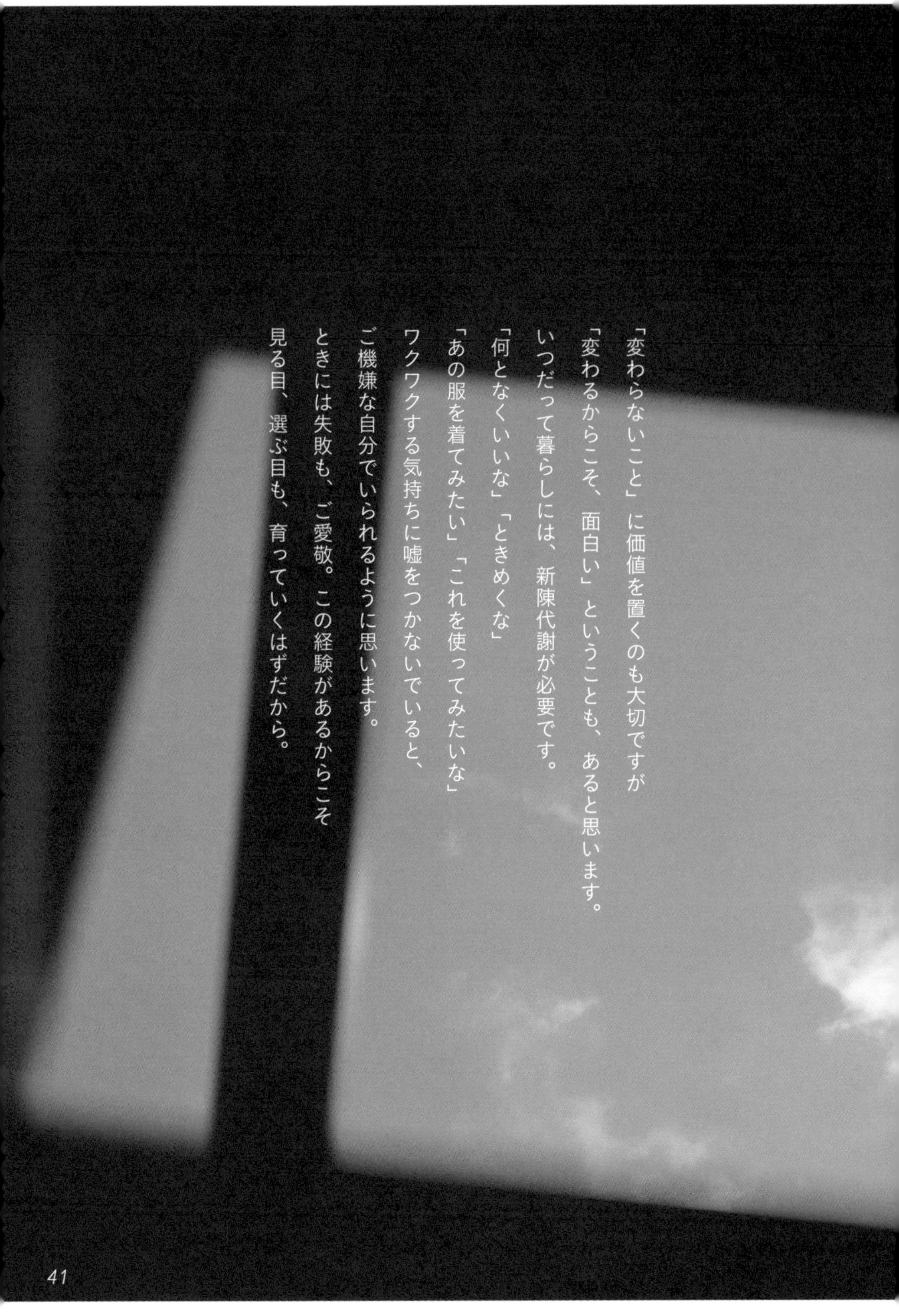

「変わらないこと」に価値を置くのも大切ですが
「変わるからこそ、面白い」ということも、あると思います。
いつだって暮らしには、新陳代謝が必要です。
「何となくいいな」「ときめくな」
「あの服を着てみたい」「これを使ってみたいな」
ワクワクする気持ちに嘘をつかないでいると、
ご機嫌な自分でいられるように思います。
ときには失敗も、ご愛敬。この経験があるからこそ
見る目、選ぶ目も、育っていくはずだから。

4人姉妹といっても、3人の姉たちとは10歳以上の年齢差があり、物心ついたときには姉たちは結婚して、家を出ていた印象です。大人に囲まれて育った私は、空気を読むのが得意な子ども。こうしたら、こう言ったら、大人は喜んでくれるだろうなと、自分の本心よりも無意識にそちらを優先していたように思います。

小さい頃は、白いブラウスにグレーか紺のプリーツスカート。刷り込まれたその色は、今でも安心する大好きな色です。結婚しても、制服のような紺やグレーばかり着る私に、「もっと明るい色を着たほうがいいんじゃないか」「それでは修道院から嫁をもらったようだ」と夫にくり返し言われました。鮮やかでカラフルな色の洋服を好む夫とは、本当に対照的な私でした。まわりの大人たちを斜めに見るような小生意気な小娘でしたから、そうそう人の言うことは聞きませんし、受け入れません。何かと盛り上がれる人、感情のおもむくまま泣いたり笑ったりできる人をまったく理解することができませんでした。お祭りだって、何が楽しいんだかさっぱり分かりません。大晦日だ、お正月だと騒ぐのも、本当に苦手でした。先日友人の子どもがぽつりとひと言、「大人は笑いすぎ」って。分かる分かる、何でおかしくもないのに笑うんだろうね。私も心からそう思っていました。

でも環境ってすごい、こんな私も変われるものなんです。だってつまらなそうにしていても、いいことはひとつもありませんから。重箱の隅をつついて文句ばかり言う人と一緒にいて、楽しいはずがありません。誰かに優しくされたかったら、先に優しく笑いかけるしかないんです。やたら前向きな夫と娘に影響されて、どんどん薄皮をはぐように、嬉しいときは嬉しい、楽しいときは楽しいと全身で表現できるようになりました。「実は私、こんなに明るかったんだ」と、自分でもびっくりです。

父と母の関係、実家の商売、何とも不安定な環境に、「しあわせでも不しあわせでも、ジタバタなんてしないからね」と、重い鎧を身につけていたのかもしれません。不幸も怖いけれど、しあわせもシャボン玉のように割れてしまいそうで、怖かったんだと思います。もったいないことをしたと思います。感情を吐露しようと試みても、やっぱりどこか冷めた自分を完全に消すことは難しいことです。

でも意識を変えただけで、選ぶものも違ってきます。色や形も、着たいものを着るようになりました。こうと決めつけず、「好き」を優先させると快適です。自分が好きに暮らしていると、相手の「好き」にも寛容になれます。いくつになっても変われるんだと嬉しい限り。私の喜怒哀楽も、まだまだ発展途上にあると思っています。

ワードローブは自然素材、そして「ときめき」を

「行かない」と「行けない」、「会わない」と「会えない」。たったひと文字違うだけなのに、何と息苦しいことでしょう。お友だちをハグしないように言われた子どもたちは、成長して一体どんな大人になるのでしょう。思いつく限りの予防に努め、「大丈夫、大丈夫」と明るくふるまっていても、本当のところは「元に戻れるのだろうか」と、心が晴れることはありません。

そんなとき自分を支えてくれるのは、「暮らす」という日常の営みです。朝起きて、朝日を浴びる。玄関前を掃除する。朝ごはんを食べて、新聞を読む……。庭

「シンプルで、素材がいい服」も素敵だけど、それだけではつまらない。可愛い服って、本当にパワーがあります。元気がないときこそ、素直にそのパワーを借りたいと思います。茜色のワンピースは「kitta」のもの。若い女性に人気のオーバーオールも、形さえ厳選すれば、何とか取り入れることができました。ギャラリーの1階にある「TONE」で購入した、「ハツキ」というブランドのものです。

木にやってくる鳥たち。先日は夕方に玄関を開けたら、狸と目が合ってびっくり。あちらも驚いたことでしょうね。お日さまの角度や風の強弱で感じる、季節の移り変わり。都会に住んでいても、見渡せば自然がいっぱい。そして植物や生き物たちに励まされることに気がつきます。食べることと同じように、着るものも自然素材が気持ちいい。自由を制限されてより、そう感じるようになりました。

漢方薬は、布に煎じた薬草を染み込ませ、体に巻いたのが始まりだそうで、茜色に染められた草木染めのワンピースに袖を通すと、優しい気持ちが増幅します。好きな基本の色は変わりませんが、「着たい！」と思った気持ちには、正直でいようと思います。おしゃれはやっぱり楽しいです。「ほとんど出かけないから、何でもいい」ではなく、むしろ今こそ自分のために、自分をいたわる色と素材にこだわりたいと思っています。

「いいね」と言われることが多く、最近取り入れる頻度が高い黄色。着ているといつもより元気が増す、さすがのビタミンカラーです。茜色のワンピース（44ページ）と同じ「kitta」の服で、草木染めのイメージをガラリと変えてくれました。

湿度の高い日本の夏を、少しでも快適に過ごしたいと思い切って試着してみたら、何だかいい感じ。すっかり夏の定番になった「ヂェン先生の日常着」のバルーンパンツ。オンラインショップ「アナンダジア」で購入できます。

遅々として進まないペット業界の改善、お金儲けの対象になる小さな命。
でも絶望なんてしていられません。できることから実行している人がたくさんいます。
「SLOW」で作った保護犬の福ちゃんTシャツ。私たちのTシャツにも、思いを込めています。

大人のTシャツでカジュアルを楽しむ

Tシャツほど研究が必要なアイテムはありません。着丈、袖丈、襟ぐりで、まったく違った印象になります。割と今までジャストサイズを着ていましたが、「少し大きめがオシャレだよ」と娘に言われて着てみたら、確かに「今」な感じです。襟ぐりは詰まっているほうが、断然若々しく見えると思っています。

街ゆく人のTシャツ観察も楽しいですよね。プリントされたメッセージ、色や形、たくさんのTシャツの中から選んで買って、「今日はそれを着たんですね」と、無言の会話で親近感。友人の「トラネコボンボン」中西なちおちゃんが手掛けるコラボTシャツは、毎年必ず見に行きま

右は「トラネコボンボン」と「ロワズィール」のコラボＴシャツ。
左は「SLOW」のイベントで作成したＴシャツ。手描きロゴと、
「foodmood」のなかしましほさんの愛犬ハルちゃんのイラストです。

す。なちおちゃんは私たち夫婦にとって、動物博士。「びっくりさせずに鳥に近づく方法」なんてことを教わったりしています。

わが家も２０２０年、17年一緒だった犬を見送りました。ふり返ると何と私たちに寄り添ってくれていたことか。感謝の気持ちでいっぱいです。ギャラリーで毎年やろうと始めた老犬・保護犬のためのイベント「SLOW」も、この年は自粛。でもせっかくだから何か発信して、ワクワク元気と勇気を届けたい。そこで５人の仲間とＴシャツを作り、オンラインで販売しました。たくさんの方の温かいお気持ちで、それぞれのＴシャツは見事に完売。老犬を飼っている方、保護犬と暮らしている方からいただいたメッセージに、私たち全員が励まされたイベントになりました。またみなさんとお会いできることを信じています。

右が「ユナヒカ」、左が「45R」。あらゆるアイテムに合わせられ、
コーディネートによって、おしゃれ着にも作業服にもなる。
これほどオールマイティーな服って、なかなかないと思っています。

やっぱり便利なデニムはこまめにアップデート

年を重ねると苦手意識を持つ方もいるようですが、やっぱりデニムは万能選手。いろんな形を持っていると便利で、流行が少しずつ変化するから、気づけば毎年更新しています。もちろん永久定番のものもありますよ。

「45R」の太めデニムは、体にしっくりくる長年の相棒。オーバーサイズをベルトでぎゅっと絞って着てたのに、いつの間にかベルトがいらなくなってしまったのには目をつぶって……いい味になり、「どこの?」とよく聞かれます。

最近買ったのは「ユナヒカ」と黒田知永子さんのコラボデニム。年齢で変化するラインを上手くカバーしてくれるさす

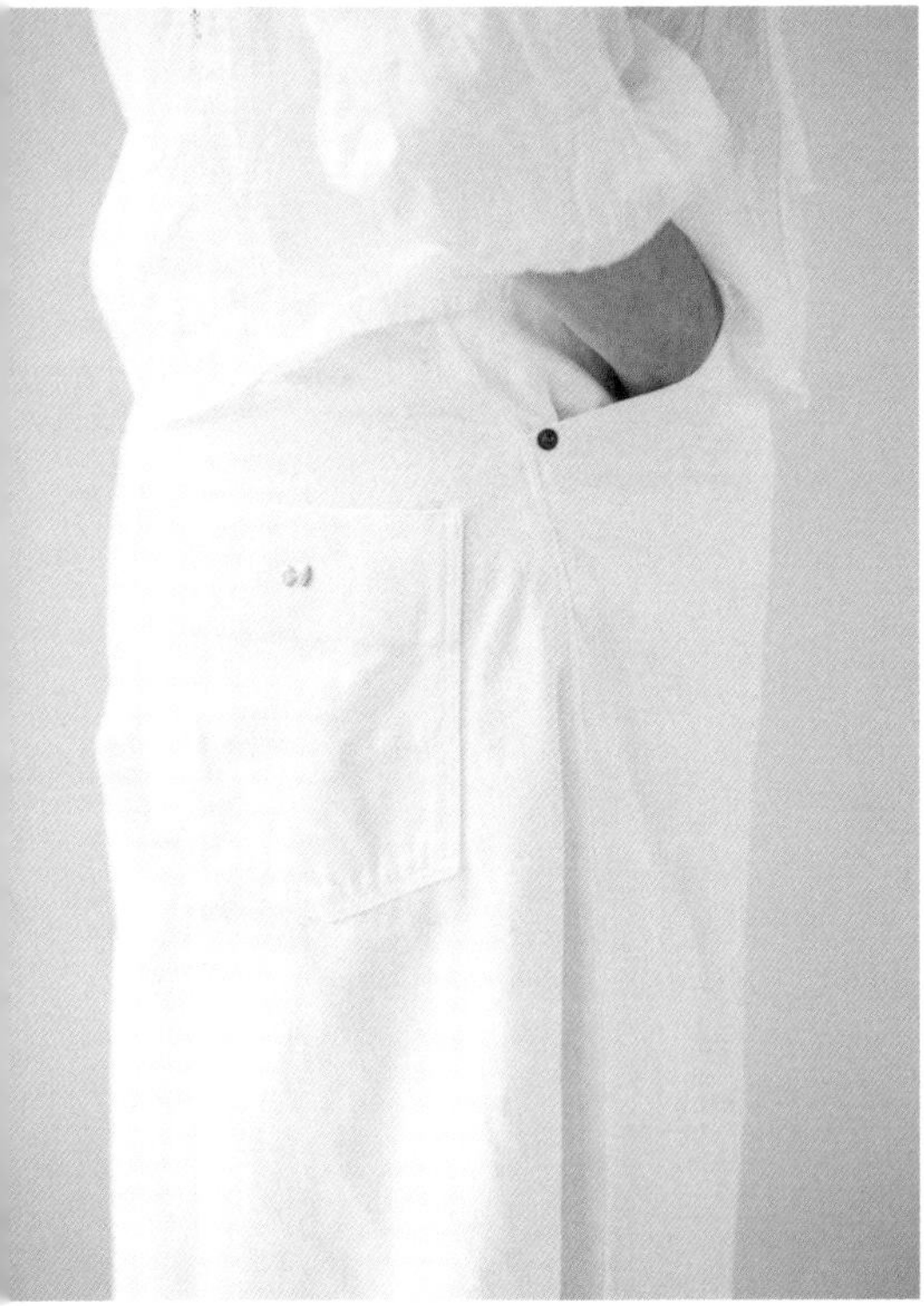 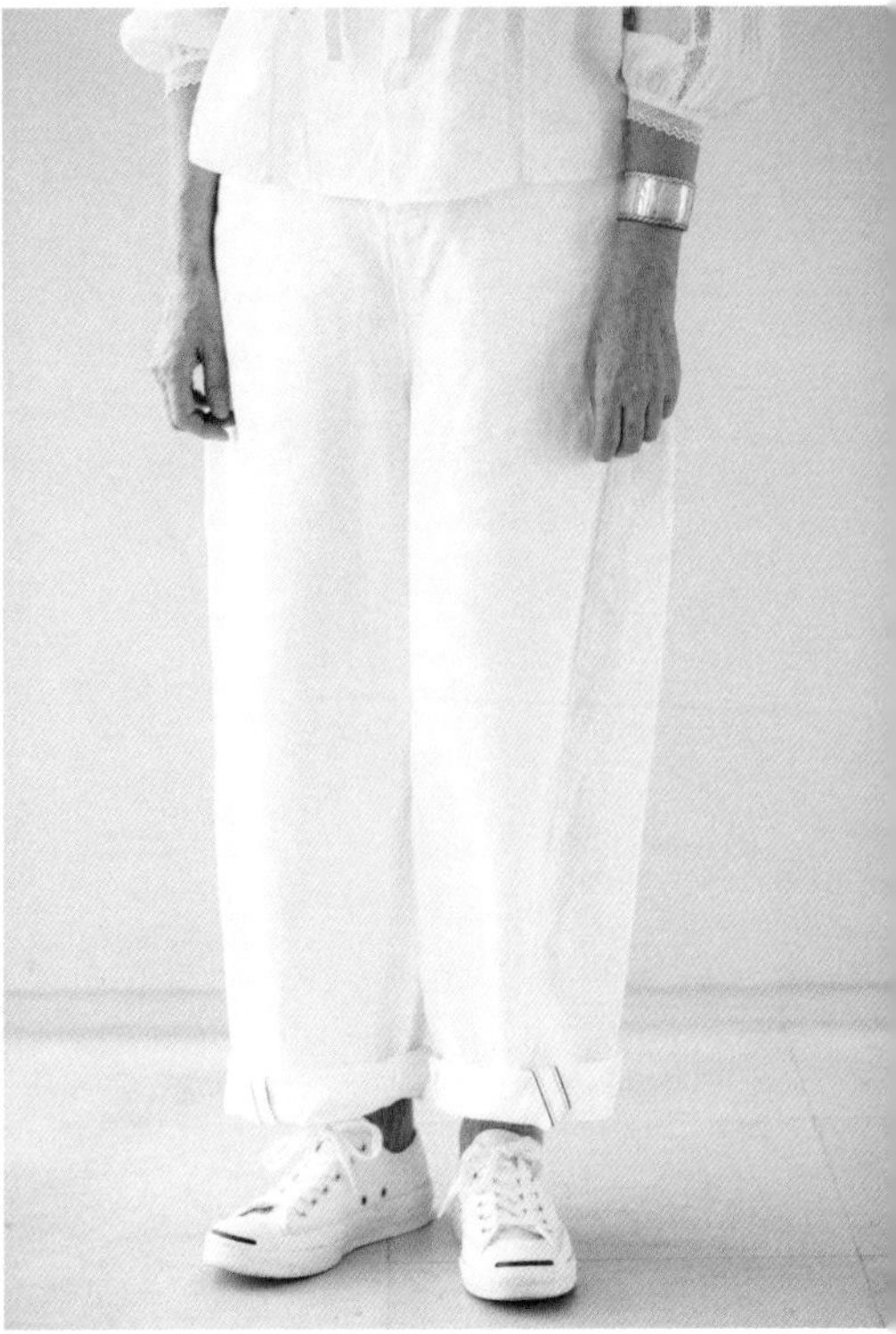

軽やかな気分になれる、「ミナ ペルホネン」のホワイトデニム。
全身をいろんな質感の白でまとめるのが、お気に入りのコーディネート。
ざっくり編んだ紺のタートルニットを合わせると、学生時代がよみがえります。

がのデザインで、腰まわりにゆとりがあるのに、足首へのラインがほどよくスリムなので、スッキリ見えるんです。おしゃれな人が自分の欲しいものを作ってくれるブランドが、嬉しいこの頃です。

白いデニムも春夏秋冬、大活躍。最新のお気に入りは「ミナ ペルホネン」のワイドデニムです。ロールアップした裾に赤いステッチがチラリと見え、後ろポケットには金の蝶々が。細部のこだわりにキュンとします。

軽快に颯爽にと、いくつになってもはきこなしていたいデニム。デニムが作られる工程で、実はものすごい量の水を使うことを知りました。これからは環境にも優しいデニムがどんどん作られることを願っています。改革改善は日本人の得意分野。作る人、着る人の工夫で、すぐゴミにならない、次に手渡すことができる洋服が増えるといいなと思っています。

香りが好きな、「ネロリラ ボタニカ」と「レミオ」の化粧水。
シートマスクは、本当にいろんなものを試しました。プチプラですが
「ロージーローザ」の「フェイスマスクシート」は優秀です。

スキンケアは香りも大切な要素です

スキンケアでいちばん大事なのは、化粧水なんじゃないかと思っています。数年前、シミ以外にも謎のポツポツが肌に出現……！　エステサロンのスタッフに、「それは加齢ですね」ってバッサリ言われたときは、悲しかったな。言葉の選び方って、大切だと思うのです。でも元気な友人に、「シミやしわは仕方がない、ツヤとハリがあれば大丈夫だよ」と言われて、「それなら何とかなるかも」と、勇気をもらいました。

「何だったら、コツコツ続けられるかしら？」と、あれこれ試して行き着いたのは、ローションパック。湿らせたコットンやシートマスクに、好きな香りのロー

ここ最近の愛用スキンケア。「エスティローダー」のリップ専用美容液、
「シスレー」と「ネロリラ ボタニカ」のクリーム。
顔だけでなく、デコルテまでのケアも忘れないように。

ションをたっぷり含ませて、お風呂上がりに3分間。ここで大事なのは、何と言っても好きな香りを選ぶこと。バラや柑橘類の香りに包まれる3分間は、至福の時間。いろんな香りを揃えて、その日の気分で使い分けています。中身の良さと同じくらい大事なのが、パッケージデザインです。スッキリ爽やか、しっとりツヤツヤになりそうな感じが、ボトルから伝わってきませんか。

　ところで私は、コスメブランドは「これ」と固定するようなことはせず、常に「いいものはないかな」とアンテナを張り、気になったものを試しています。情報収集のポイントは、信頼のおけるプロからのおすすめをこまめにチェックすること。メイクアップアーティストの草場妙子さんや早坂香須子さんのインスタグラムなどを覗いたりすると、「さすが」と思えるアイテムが見つかります。

たったひと塗りで、すごい威力な「カバーマーク」のファンデーション。
ここ最近のコスメポーチは「レスポートサック」のパイソン柄。
意外に思われるようですが、パイソン柄、結構好きなのです。

気分を上げてくれるメイクアップアイテム

化粧品の進化、高機能化には、目を見張るものがあります。できることなら、ありのままのすっぴんでいたいところですが、もはや手遅れ。そういうわけにもいかないので、薄〜く、薄〜く、素肌のように。でも隠したい部分は、できれば隠したい。

「カバーマーク」は馴染みのないブランドでしたが、デパートの売り場を通るたびに、人がたくさんいる様子が目に入りました。他のところは暇そうにしているときも、ここだけは必ずの人だかり。ちょっと気になっていたところ、雑誌の付録にお試しサイズが付いてきました。ふむふむ、ものすごく伸びがいい。それに

引き出しの中は少数精鋭、指紋がつきやすいケースもピカピカに。
眉毛は流行が表れますが、真ん中の列の奥にある「セルヴォーク」の
アイブロウパウダーは、今っぽい眉毛を作るのに、すごく役立ちます。

薄づきながら、あっちもこっちも見事なカバー力。買いに走ったのは言うまでもありません。とにかくポイントは、少量を薄く伸ばすこと。すすめられる色よりも、1段階暗めにすること。新しいブランドとのいい出会いでした。

人通りの多い吉祥寺の通りから一本入っただけなのに、わが家はとても静かな環境で、いろんな鳥がやってきます。お庭を美しく手入れされる近隣の方にも恵まれました。窓辺に置いた鏡台の前に座ると、設置した巣箱を偵察に来るシジュウカラ、巣作りのための小枝探しをするハトの母さん、鳴き真似上手のヒヨドリ、愛くるしいメジロも目に入ります。毎日くり返すメイクという一連の動作に、笑顔になれる自然の気配は、心の美容液となっているはず。口角上げて、日常の動作もあれこれ想像しながら、スマイル・スマイル・スマイル。

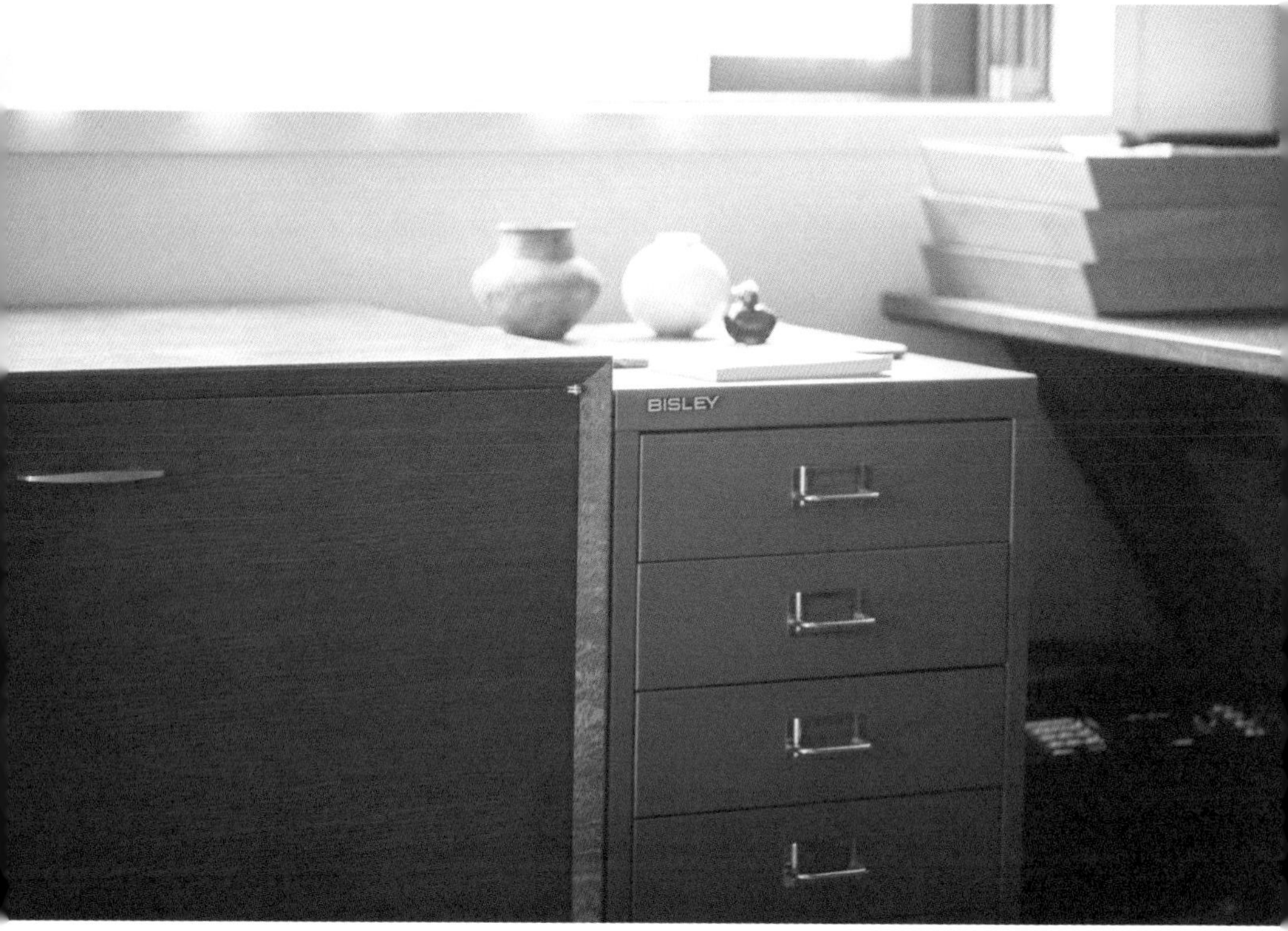

新しい「ビスレー」のキャビネットは、パソコンの机の脇に設置。
手を伸ばせばすぐに届く距離で、事務作業が手早く進むようになりました。
丈夫なスチール製で、質実剛健なデザインも気に入っています。

大きな引き出しチェストを手放しました

「なくてはならない」と思っていました。「いなくなったら絶対困る」と思っていました。2020年の夏に、大切な家族の一員だった犬が、静かに死にました。歩けなくなり、食べられなくなって3日。それは見事な最期でした。犬まわりのものが入れてあった引き出しを片付け、使ってもらえそうなものは保護犬の活動をしている方に送りました。あとに残った、ガランと空っぽの引き出し3段。

その引き出しがあったのは、テレビや雑誌などで何度も取材を受けた、わが家のシンボルのようだったチェスト。ハンカチ類やカトラリー、薬に文具類など、暮らしまわりの細々したものを収めてい

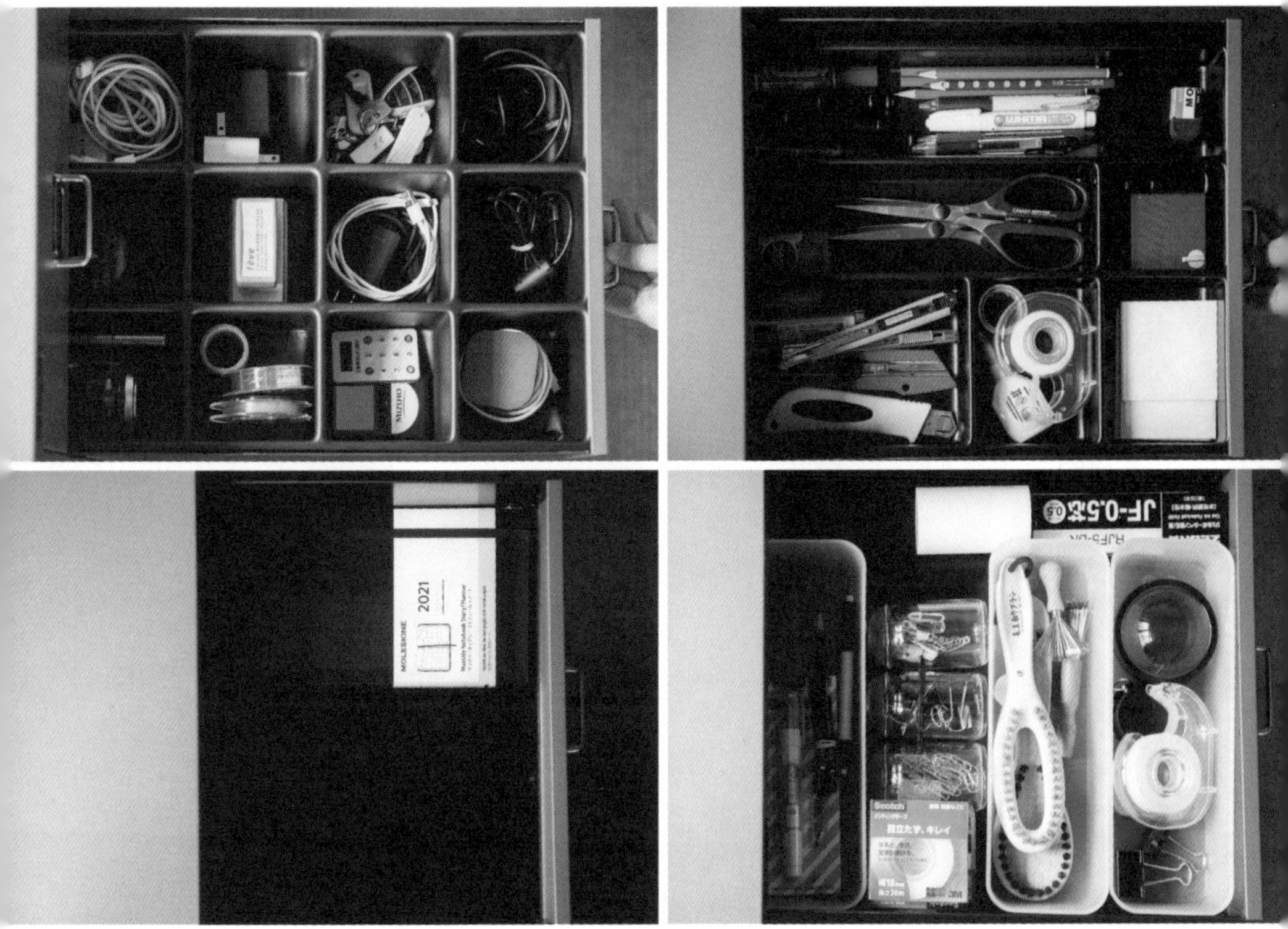

「ビスレー」が優秀なのは、オプションの収納パーツが充実していること。
ごちゃごちゃしがちなコードや道具類も、すっきり収まります。
1段は空にして、「とりあえず」のもの入れに。心の余裕につながります。

た、計16個の引き出しの大きな家具です。「悲しいけど、大丈夫。しっかり生きていくからね」。愛犬にそのことを証明でもするかのように、片付けて片付けて、片付けました。今できることをやることで、「できることをやり切ったんだ」と思いたかったのかもしれません。

　そうして文房具だけを入れる引き出しを新しく買い、チェストと別れを告げました。それまでも自分は執着が少ないほうで、ずいぶんいろんなものを手放してきたつもりでしたが、「絶対に必要」は、思い込みだったと気づかされました。すべての不幸の源は、執着。今手元にあるものは大切にするけれど、執着したくはありません。今まで本当にありがとう！そして、さようなら。

現在わが家で活躍するのは「柳宗理」と、
「ダンスク」の片手鍋。味噌汁に煮物、野菜をゆでたりするのにも
このふたつがあれば、お手軽。洗うのもラクチンです。

重たい鍋はさようなら
台所用品にも新鮮な風を

鋳物の重たい鍋を取り出すたびに、重たい鍋を洗って拭いて、しまうたびに、「手がすべって落としたら、怪我するだろうなあ」と不安がよぎりました。見た目の格好よさ、重いふたによる高密閉度。何より料理上手に見えますよね。しばらく逡巡しましたが、数年前に思い切って処分しました。ほどよい大きさの鍋たちはスタメン出場。何の問題もなく暮らしがまわっています。味が違う、味が落ちたということもありません。高かったからとか、もったいないよりも、安全優先でいきましょう。

不安に思っていることは、思い切って払拭するに限ります。ふっと頭をよぎる

水切りマットは「CARINO」というイタリアのブランド。
操作も手軽なブレンダーは「クイジナート」のもの。
煮込んだ野菜たちをこれでなめらかにして、ポタージュに。

心配ごとは、予知能力かも。せっかくのサイン、見逃したくないですよね。

台所の難敵は、食器の水切りかごじゃないかしら。どんなものも、接続部分のヌメヌメは避けることができません。「洗ったらすぐ拭くから」と厚手のタオルを置いても、ビショビショが気持ち悪く、洗濯物が増えるだけ。そんなとき、いつも行くスーパーで見つけた水切りマット。使ってみると予想以上の高得点。凸凹があるから、上に置いた食器はからり。使用後はマットをピンチで挟んで乾かせば、何と気持ちがいいことでしょう。

買っては手放し、買っては手放し、3度目の正直で購入したのがブレンダー。昔よりコンパクトで使いやすい。バターも生クリームも使わない野菜のポタージュは、わが家の定番です。台所道具は、家族の人数や年齢によって、見直しが必要。変化することを楽しむためにもね。

第3章
ずっと変わらず好きなもの

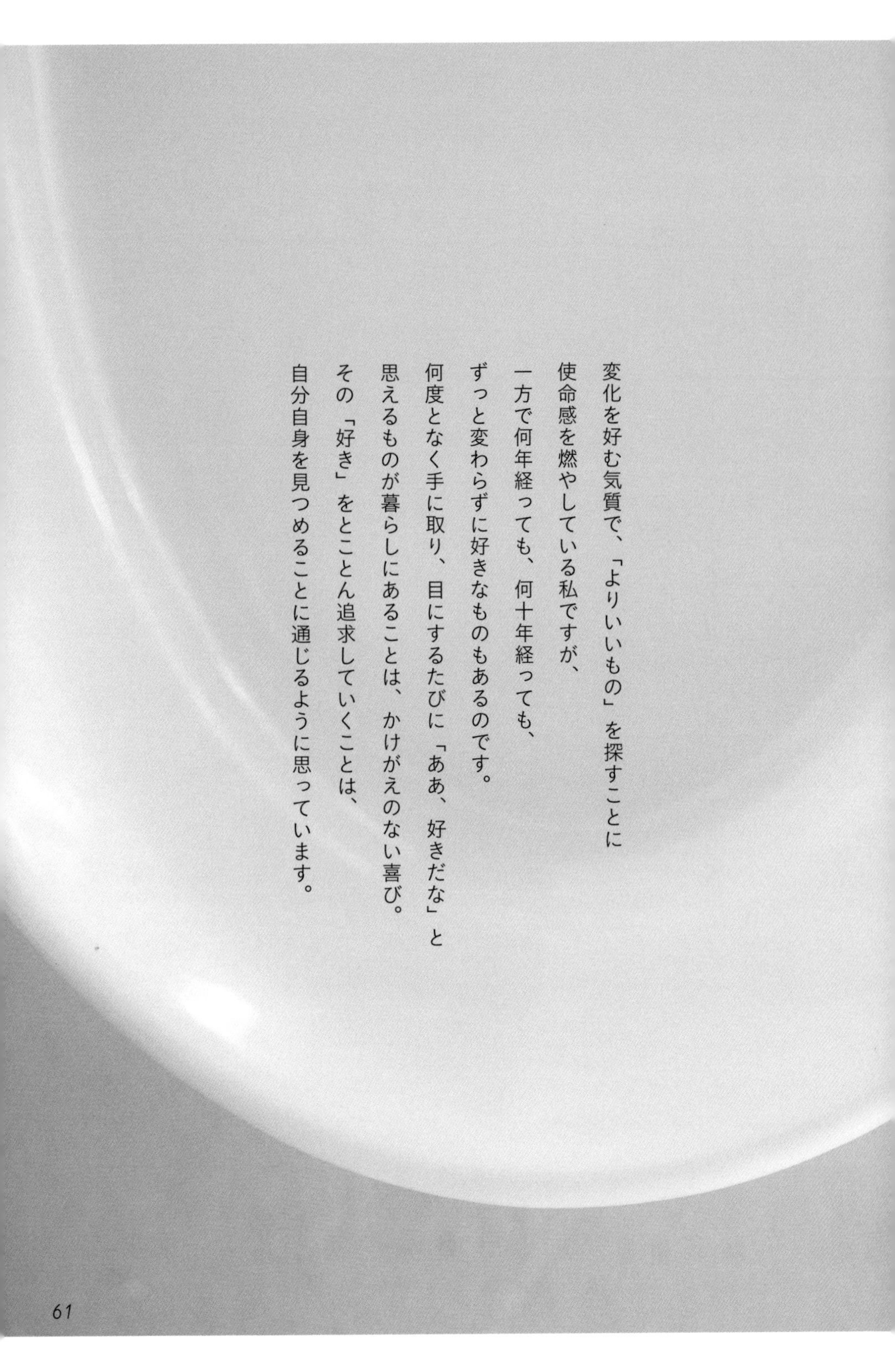

変化を好む気質で、「よりいいもの」を探すことに
使命感を燃やしている私ですが、
一方で何年経っても、何十年経っても、
ずっと変わらずに好きなものもあるのです。
何度となく手に取り、目にするたびに「ああ、好きだな」と
思えるものが暮らしにあることは、かけがえのない喜び。
その「好き」をとことん追求していくことは、
自分自身を見つめることに通じるように思っています。

「まあまあ、すっきり暮らしている」という自負がありました。ものを持ちすぎず、増えたら循環させてと、取材のたびに口にしてきたのに、何ということでしょう。大好きなかごとガラス製品を、今回の本のために全員集合させてみてびっくり、本当に驚きました。一体いつの間に、こんなにたくさんになっていたのでしょう。

私は同じことをやり続けるのがとっても苦手。飽きっぽい性格の私が、唯一続いているのが結婚生活、もう40年になります。入園・入学、卒業に就職と、今まで飽きることなく変化してきた人生。子どもたちの成人や結婚で、いよいよこれから退屈な日々なのかと思いきや、パン屋やギャラリーを始める怒涛の展開。退屈しないように、自らアンテナを張って、やることを探しているのかもしれません。

こうして変化を好み、停滞を嫌う私が、かごとガラスは昔から変わらずに本当に好き。なぜと聞かれても、「好きなものは好き」としか言いようがないんです。かごとガラスなら、たくさんあっても気にならない、むしろ嬉しい。

広い世界、どこへ行っても、その土地にある素材でかごを編む人がいる。すごいことだと思いませんか。縄文からの遠い記憶、植物を編んでかごにしてみたら、たくさんものが運べる発見。編み方を工夫したり、持ち手をつけたりして、小さな喜びがいっぱい詰まっていたことが想像できます。

ギャラリーでかご展を開催することで、材料不足や編み手の高齢化、プラスチック製品の台頭による打撃など、たくさんの問題を知ることができました。でも、だからこそのかご展なんです。いいかごを紹介して、作家さんや地域を応援したい気持ち。自分の買い物が、伝統や文化とつながる喜びを分かち合いたい。そして何より、私たちの暮らしを支えているのは、毎日誠実に働く名もなき市井の方々だということを忘れてはいけないと思うのです。

ガラスは透明だからこそ、軽やかで清々しくて大好きなマテリアル。作家さんの吹きガラス、プロダクトのガラス、古いもの、透明でも色や質感はいろいろ。ビールは薄いガラスのコップが美味しく感じるし、麦茶なら大きめでしっかりしたもの、中国茶はお猪口より少し大きいサイズがいいかしら。花を生けたり、キャンドルホルダーにしたり。用途の幅広さ、懐の深さはガラスならでは。若い方は、ガラス製の器をあんまり持っていないと聞きました。いいなと思う形のコップやグラスをひとつ買ってみるのがおすすめです。いつも飲んでいる水が美味しく感じますよ。薄いガラスの口当たり、ぽってり厚みのあるガラスの質感、比べてみるのもいいですね。

自分の「好き」を探す買い物、自分の「好き」が集まる暮らし、家はやっぱり私たちの大事な巣です。気持ちいいものに囲まれて過ごしましょう。

大分の竹細工作家、児玉美重さんが作った、ワンハンドルの白竹の四角いかご。
私が長年愛用していたかごを復刻してくださったもので
「かご展」でも初日に完売するほどの人気。私のギャラリー「フェブ」の大切なかごとなりました。

私の暮らしに欠かせない日本のかごと世界のかご

ギャラリーを始めたからには、いつかやりたいと思っていた「かご展」。けれど、そもそもギャラリーとしての素地もバイヤー経験も何もない私が、どうしたら開催できるのか、さっぱり想像もつかない日々。ただただ思いだけが募る数年間でした。ところがある日、友人に紹介されたのが、かご専門店の「カゴアミドリ」を始めたばかりの伊藤征一郎さん。かごの編み手にはとにかく会いに行かれるのが流儀で、ときには山に一緒に入って材料を採ったり、農作業を手伝ったり。「すぐに店でかごを取り扱いたい」というよりは、時間をかけて信頼関係を築き、お互い納得のいく方法で、取り扱いを始

こちらが、私が三十数年愛用しているかご。玄関に置いて
マフラーと手袋を入れたり、おにぎりと水筒を入れて、公園に出かけたり。
そのとき、その場所で使い勝手がよく、大活躍のかごです。

めます。そんな風に国内はもとより、世界中を訪ねて、かご作家さんとの親交を深めつつ、良心的にかごを扱う姿勢に感動したのを覚えています。同じ頃、スタイリストの小澤典代さんが『日本のかご』という本を出されたので、お手紙を書きました。お会いした小澤さんは、かご愛にあふれた方。日本の伝統的なかごや地方ごとの素材など、特色を分かりやすく解説してくれるだけでなく、暮らしの中でおしゃれに使う方法をたくさん提案してくれました。こうして、おふたりのご協力のもと、2013年よりかご展が実現したというわけです。2020年は残念ながら開催できませんでしたが、ありがたいことにその前年までの7年間、毎年開催することができました。それまで何度訂正しても、かごを「ざる」と言っていた夫のターセンも、編み目が美しい作家のかごを惚れ惚れと眺め、さすり

友人で料理研究家の山本ゆりこさんが「カーリンに持っていてほしい」と
プレゼントしてくれたフランス南西部のペリゴール地方のかご。「カゴアミドリ」の伊藤さんが
山本さんに作家さんを紹介してもらい、その後日本でも手に入るように。

さえするようになったのです。

　先にも書きましたが、回を重ねるごとに、かごを取り巻く状況が、人的にも自然環境的にも、厳しいことが分かってきます。編み手さんの高齢化によって、材料を採りに行くことができずに山が放置され、荒廃につながっています。もちろん気候変動による材料不足も深刻な問題ですが、自然の営みや循環への配慮が、経済優先の価値観の中で、あとまわし、ないがしろにされている面も否定できません。それでも年配の方も若い方も、技術をつなぎ、残そうとしていらっしゃいます。ならばできることからと、私なりにかごの素晴らしさ、暮らしの中での使い方などを、展らん会でご紹介していこうと強く思い続けてきました。

　私自身、日々の暮らしの中で、「大変だな」「面倒だな」と思うような場面に遭遇したとき、「いやいや、今日今この

「これは買っておいたほうがいいわよ」とアドバイスをくださったのは
フィンランド雑貨を扱う仕事をしている石毛麻里子さん。
20年以上経つ大きな白樺のかごは、落ち着いていい味に育ちました。

ときも、世界や日本のどこかで、かごをコツコツ編んでいる方がいるんだ」と想像することで、励まされています。働きもので、頼りになる、美しいかご。ぜひ身近に置いて、一緒に歳を重ねていただきたいなと思います。

「かご展」を象徴するアイテムが、64〜65ページの写真でご紹介したかごです。三十数年前に手にしたかご。どの地方で、誰が作ったかごなのか、私には思いも至らなかった時期です。丸いかごは可愛いけど、四角いかごは本当に便利。伊藤さんに相談したところ、大分の児玉美重さんが見事復刻してくれました。でき上がったかごを見たときの興奮は、今でも覚えています。「こういうものが欲しい」というお客さまの要望と、作り手の方をつなぐのも、ギャラリーの大切な仕事。ひとりでもたくさんの方に、いいかごを手に取ってもらいたいと思っています。

A「おじろ角物店」の角物買い物かごは真竹製。B 70ページのかごも手掛けた、本間亮子さんのあけびのかご。C 鈴竹の市場かごは、昔ながらの働く道具。D 大分の岩田淳子さん作の竹かご。E 福島県三島町で作られた、やまぶどうのかご。F 鈴竹の市場かご。右より少し背が低くて、今風のバランスです。G 長野県戸隠の竹細工店「手《た》力《ぢから》屋《や》」の根曲竹のかご。H 岡山県蒜山《ひるぜん》のひめがまのかご。軽くて防水性にも優れているそうです。I 吉祥寺の「CINQ」で購入したモロッコ製のストローかご。

G	D	A
H	E	B
I	F	C

J 本間亮子さんのあけび素材の収納かご。K 岩手県の鈴竹二重編みの名人・穴久保ナミさんの合わせ編みかご。L パインのへぎ材を使ったエストニアのトレー。M 青森県むつ市の柴田円治さんのヒバのかご。抗菌性、耐久性に優れています。N 秋田県・田沢湖のくるみ素材の角かご。O 秋田県角館のイタヤ細工のかご。清々しい四ツ目編み。P 秋田県の田口召平さんの四ツ目かご。イタヤカエデをベースに、縁部分にさるなしの蔓《つる》を使っています。Q 福島県の西山昭一さんの真竹の脚つきかご。R 秋田県の中川原信一さんのあけびのかご。

P	M	J
Q	N	K
R	O	L

あけび編みの名人、本間さんが復刻してくれたかご。
オリジナルを貸してくれた友人も「もうひとつ買おうかしら」と
言うほどの、美しい仕上がりでした。

家を新築した友人を訪ねたのは5年前。隣接した公園を借景にした素晴らしい建物で、デザイナーでもあるふたりのセンスが各所に感じられました。そこで目にしたあけびのかご。聞けば数年前の東北旅行の盛岡で購入したものとのこと。頻繁に海外に行く彼らだから、てっきり外国のかごだと思っていたので、とてもびっくりしました。帰宅してからも、何だか頭から離れず、写真を送ってもらい、「カゴアミドリ」の伊藤さんにも早速報告したのです。

「これまでいくつものわがままを聞いてくださっている本間亮子さんなら、復刻をお願いできるかもしれません。聞いてみましょうか？」と、嬉しいお言葉。これはもう、現物をお借りして、細部を見ていただき、できるかどうかご判断いただかなくては。友人も快くかごを貸し出してくれて、プロジェクトのスタートです。

ひと目見て「kegoyaだ！」と分かる、個性がすごい。
山形へ移住し、人が訪ねてくれる小国町にしようと奮闘する熊谷茜さん。
かごをぐ〜んとファッションに近づけた功労者だと思います。

そうしたら本間さん、このかごを編んだ人を知っていると言うではありませんか。「もう亡くなられたけれど、お会いしたこともあります」と。そして面白がって「やってみましょう」と心強いお返事が。本間さんはあけびの職人の中でも、特に難しい「こだし編み」を美しく仕上げることのできる貴重な名人です。待つこと数か月。できたかごの完成度は、それは素晴らしいものでした。

たとえ見本があっても、再現できないかごはたくさんあります。どうやって編んだのかが分からないのです。そういうこともあって伊藤さんたちは、名人たちの仕事を動画で残す活動をしているそうです。動画があれば、何とか編み方を後世に残すことが可能かもしれない。明るい希望の光を見た気がしました。ゆっくりだけど丁寧に確実に。今につながるかごがまたひとつ完成しました。

A 中川原信一さんのあけびの花かご。丸いフォルムが愛らしく、かごバッグとしても。**B** アンティークの竹かご。左ページ F の尾崎利一さんのかごと、とてもよく似ています。**C** 塩川美佳さんのナンタケットバスケット。**D** 大分県の伝統工芸士である「竹楓舎」大谷健一さんの真竹かご。

C	A
D	B

映画『ALWAYS 三丁目の夕日』の舞台となった昭和の頃に生まれた私。当時の暮らしには手のかかるものがまだまだたくさんありました。ごはんはおひつに、漬物は樽に。風呂桶だってプラスチック製じゃありません。使ったら乾かさないと、黒ずんでしまうものばかり。たわしでゴシゴシ洗っては、物干し竿2本の上で乾かす様子をぼんやり覚えています。お味噌汁のお椀ももちろん漆塗り。漆の器は行商の人が訪ねてきて、買ったものには名前を入れて、直しが必要なものは、持ち帰って1年後に届けてくれました。

かご展を何度かやるうちに、かごと向き合うことが日常になりました。自分が買ったかごも、誰かが持っているかごも本当に可愛い。夏は涼しげですし、冬だって形を選べばコートにも似合う。きちんと下処理されたひごならば、ストールや手袋が引っかかることはありません。

E 高知県の作り手、山崎大造さんの竹かご。玄関の棚に置き、鍵を入れて活用したりしています。**F** 鹿児島県の尾崎利一さんの竹かご。**G** 福岡県八女《やめ》で制作されている長岡由記さんの竹かご。しっかりした造りです。**H** ユニークな亀甲編みバスケットは、大分県湯布院の高見八州洋さん作。

G	E
H	F

洗った野菜たちだって、竹やまたたびのざるで水切りされるほうが気持ちよさそう。道具としてのかごは想像以上に優秀で、何より佇まいが美しい。

世界のかごはもちろん、日本のかごも地方によって素材や形が全然違います。でも自然素材だからか、不思議とみんな仲良し。同じ棚でも喧嘩にならず、楽しげに並んでいます。3階に住む娘家族への差し入れも、パン屋へのおすそ分けもかご。日本酒を買いに行く夫もかごを持ち、ギャラリーに運ぶ荷物もかご。かごのない暮らしは考えられません。

大量生産品でないかごは、一期一会。気に入ったかごに出会ったら、迷わず買ってくださいね。何に使うか思いつかなくても、大丈夫。連れて帰ったかごに、入れたくなるものが現れます。人の手で大切に作られたかごがあることで、あなたの暮らしが優しく豊かになるはずです。

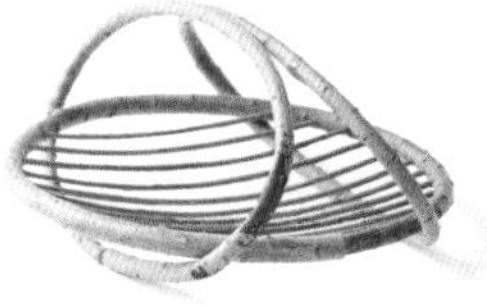

A 漁業が盛んなフランス・ブルターニュ地方のジャン・クロードさんが作った、牡蠣拾い用の柳のかご。**B** フランス・ペリゴール地方に住むフィリップさん作の柳のかご。**C** 五十嵐三美《みつよし》さんのまたたび素材のそばざる。**D** またたびの四ツ目ざる。**E** 戸隠「手力屋」のかご。**F** スウェーデンのヘーゼル（はしばみ）素材のかご。**G** フィンランドの木工作家、マルック・コソネンさんの柳のバスケット。**H** 戸隠の竹ざるは、3枚セットで愛用。**I** 岡山県倉敷の須浪隆貴《すなみりゅうき》さんのいぐさ瓶かご。

G	D	A
H	E	B
I	F	C

郵便はがき

おそれいりますが
切手を
お貼りください

102-8519

東京都千代田区麹町4−2−6
株式会社ポプラ社
一般書事業局　行

お名前	フリガナ	
ご住所	〒　　　-	
E-mail	@	
電話番号		
ご記入日	西暦　　　　年　　　月　　　日	

上記の住所・メールアドレスにポプラ社からの案内の送付は必要ありません。□

※ご記入いただいた個人情報は、刊行物、イベントなどのご案内のほか、お客さまサービスの向上やマーケティングのために個人を特定しない統計情報の形で利用させていただきます。

※ポプラ社の個人情報の取扱いについては、ポプラ社ホームページ（www.poplar.co.jp）内プライバシーポリシーをご確認ください。

ご購入作品名

■この本をどこでお知りになりましたか？

□書店（書店名　　　　　　　　　　　　　　　　　　　　　　）

□新聞広告　□ネット広告　□その他（　　　　　　　　　　）

■年齢　　　歳

■性別　　　男・女

■ご職業

□学生（大・高・中・小・その他）　□会社員　□公務員

□教員　□会社経営　□自営業　□主婦

□その他（　　　　　　　　　）

ご意見、ご感想などありましたらぜひお聞かせください。

ご感想を広告等、書籍のPRに使わせていただいてもよろしいですか？

□実名で可　□匿名で可　□不可

一般書共通

ご協力ありがとうございました。

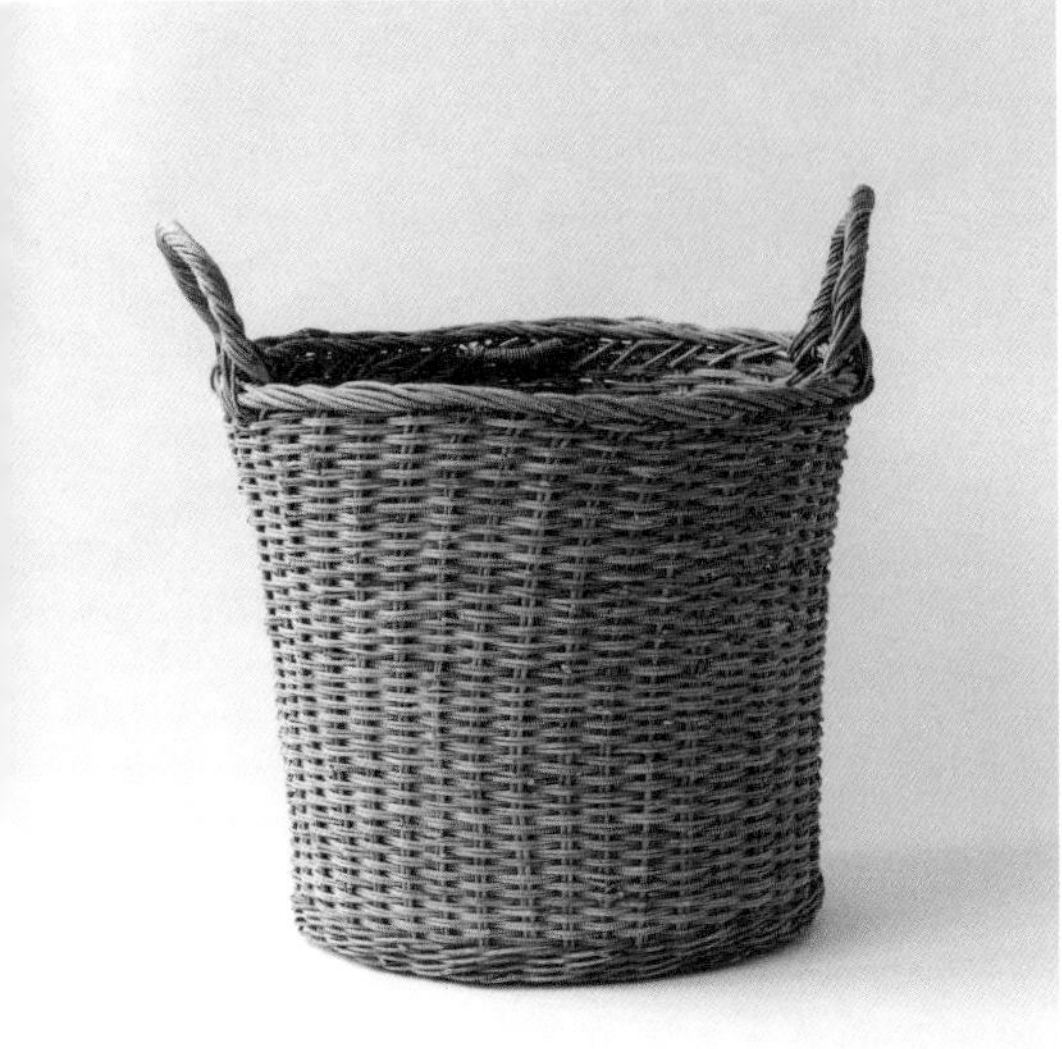

J「kegoya」のあけび素材のかご。K ラトビアの柳のかご。持ち手の付け根には、伝統的なひし形の飾り編みがほどこされています。L 西アフリカ・ガーナ共和国のかご。素材はイネ科のエレファントグラス。長いものを入れて活用しています。M「kegoya」のあけび素材のかご。わが家にある最大のかごで、高さが50㎝ほどあります。

L	J
M	K

食卓のベースになる白い器たち

人が来た日の取り皿に大活躍する、長尾さんの「SOUPs」の器。
オーバルのプレートは、丸い器ばかりのテーブルに変化がつくので便利。
特に白のオーバルは、持っていて損はないアイテムだと思います。

私は常に、直感や感情に従うタイプです。それはひとりで行動する分には問題ないけれど、大勢を巻き込む仕事になったとき、必要な説明責任を果たすのが難しいなと感じています。展らん会を通して知り合った料理家の長尾智子さんは、素晴らしい感性と知性を兼ね備えた方。お会いするたびに、会話を書き留めておきたくなります。料理の焼き加減、塩加減、何となくではない科学的に裏付けされた説明はとっても明快。「そういうことだったんだ」と、数式がするする解けるように理解できます。大勢を納得させるには、努力と研究の裏付けが大きな力になるのですね。彼女が手掛けるプロダクト「SOUPs」は、そんな経験が生かされた器たちです。特に気に入っているのは小さなオーバル皿。横長は右と左で違う料理をのせられ、取り皿にも最適です。

わが家の食器棚に歴史あり。結婚した

北欧雑貨の別注品を数多く手掛ける「scope」がかつて扱っていた、
「アラビア」の「パラティッシ」の無地オーバルプレート。
さまざまなアイテムと合わせやすく、わが家ではヘビーユースしています。

頃は、実家のお下がりなど和食器が中心だったと思います。海外転勤から東京に引っ越した頃は、ちょうどいろいろな雑貨のお店ができ始め、食器棚にもパリやロンドンのテイストが入ってきたように記憶しています。「ウェッジウッド」を揃えたこともありますし、アンティークのカフェオレボウルを収集していた時代も。ひと昔前は、作家の名前が分かる器は百貨店の特選フロアで買うもので、決して身近なものではなかったんですよ。

インテリアや暮らしまわりを工夫するのが好きだったので、好きなものはできる限り取り入れて生活してきました。何でギャラリーをやれているのか、その理由のひとつには、お金を払って買い物をして、失敗も肥やしになっているからだと思います。夫婦ふたりになった暮らしは至ってシンプル。今は白いお皿をメインにして、季節の食材を楽しんでいます。

右ページの重ねている白い取り皿は、右、中央が「鋼正堂」、左が「SOUPs」。
右上と中央にある白磁のスタンド皿は、フランス製のアンティークで
左ページの黒と白の鉢は、福永芳治さんの器です。

食器棚に並ぶ、「鋼正堂」の白い器たち。強い主張はしないけれど、
ほどよい温かみがあって、プロダクトと作家ものの中間のような印象。
本当にバランスのいい器だと思います。

　誕生日パーティーやお正月など、わが家に息子と娘の家族が集合すると、大人数。当然わが家の器大集合となるわけですが、大皿類はいろいろでも、取り皿が白を基調としているので、たくさんあっても全然うるさくはなりません。これから美味しい料理が盛り付けられるのですもの、そんなにお皿が主張しなくてもいいですよね。例えば80〜81ページに並ぶ器は、吉井史郎さんの黒の片口、「小石原ポタリー」の飛びかんなの大鉢、郡司《ぐんじ》庸久《つねひさ》さんの茶色のオーバル皿、鹿児島睦《まこと》さんの絵皿、辻和美さんのガラス皿、福永芳治さんの黒い鉢と、色も形もバラバラです。でもそこに白い器がベースとして入ると、不思議としっくりまとまります。

　白い器の魅力は、和洋中、どんな料理も引き受けてくれるところ。色がついた器はどうしても盛る料理を選んでしまい

ますが、白にしておけば安心です。黒い器、柄ものの器、ガラスの器といった個性的な器とも、すっと隣で馴染みます。
手元にあるのは作家さんの器、プロダクト、外国の古いもの、いろいろです。白といっても、100あれば100通りの白があります。やわらかなオフホワイト、すっきり青味がかった白、アンティークのくすんだ白。そんなグラデーションを楽しむのもいいですね。美味しいものに寄り添って、謙虚で慎ましい白い器たち。これからも頼りにしています。
この本の担当編集Sさんは、何と白い器を1つも持っていなかったそうですが、私の力説を聞き、人生で初めて白いお皿を買ったそうです。

ピーター・アイビーさんと高橋みどりさんが制作した「KOBO」の
「KOBO glass wide（LL）」を花器として活用しました。
ほどよい厚みと、少しグレーがかったガラスの色みも魅力です。

気持ちも軽くなれるガラスの器たち

草花、特に香りのいいハーブ類が大好きです。でも水替えは、いつもちょっと面倒ですよね。重くて大きな花瓶は、気合いが必要。お世話しやすいほどよい束が、買うときの目安です。けれど「Wind for Mind」のハーブブーケは、いつも大きいものを頼みます。力強いハーブたち、むせかえるほどの香りにパワーをもらえるから。

それでも茎の様子が見えない花器に入れると、気になって仕方がない。ドロドロぬるぬるだけは避けたいもの。その点、ガラスのものは水の澄み具合がひと目で分かり安心です。気にかけていれば、気になったときに水を替えられます。水を

辻和美さんのガラスのふた物に、「tsuzuru」のお菓子を入れて。
食べて眺めて、嬉しさ倍増。「美しいお菓子は、美味しい」というのが
私にとっての法則。今までハズレはありません。

きれいにしておくこと、バクテリアの発生を抑えることが、草花を長持ちさせる最大のコツなんだそうです。自分だってゴクゴク飲みたいのはきれいな水ですものね。水につかった茎までも、私にとっては眺めていたい草花なのです。

透明なガラス器は大好きなアイテムなので、ついつい増えてしまいます。でもたくさんあっても圧迫感がないのは、ガラスのいいところ。ふたがあれば可愛いお菓子入れにもぴったりです。

気をつかう薄いガラスより、ちょっとぽってりした厚みのあるガラスが好きです。ときどきふきんの漂白に使ったりすれば、くすみも取れて、一石二鳥。グラスも含めてガラスものは、ピカピカがいちばんです。この本の撮影で、手持ちのガラスを大集合。安いものも高かったものも、それなりに。嬉しい記念撮影となりました。

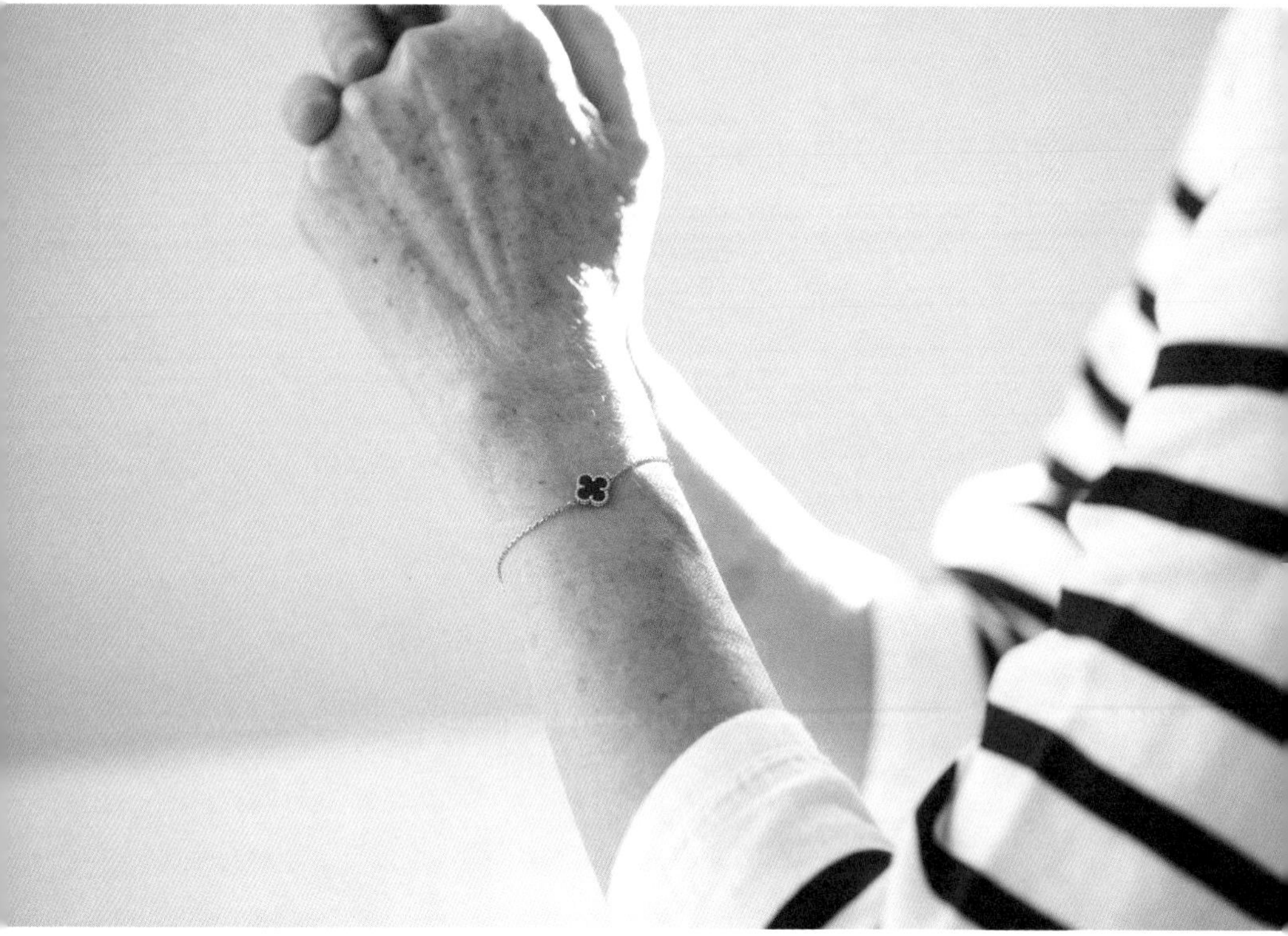

「アルハンブラ」のブレスレットは、花モチーフですが可愛くなりすぎず、
大人でもシックにつけられます。手首が見える春夏に、よく登場。
もう若くはない手首に優しく寄り添ってくれて、頼りになります。

頼れるブランド品で何気ないおしゃれを

ふと触れたブラウスがシルクだったり、お預かりしたコートがふわりと軽いカシミアだったりすると、その方のさりげないおしゃれに、本当に嬉しくなります。自分の宣伝を声高にしない人ほど、すごい仕事をしてきた達人だったりしませんか。そういうことと「何気ないおしゃれ」には、共通点があると思っています。ごくシンプルなデザインなのに、素材やカッティングがいいもの。そういうものを買い足していきたい今日この頃です。

アクセサリーは、小さなモチーフが好みです。「ヴァン クリーフ&アーペル」の「アルハンブラ」の赤いブレスレットは、還暦の誕生日のリクエスト。小さく

エルサ・ペレッティのデザインの「ビーン」シリーズ。
ちょっとおめかしなワンピースやVネックのセーターなどを着るとき、
「輝きで仕上げ」という感じで、活用します。

てもキラリと光る輝きはさすがです。

渋くキラキラ光るものも大好き。子どもの頃に、ときどき覗いた大人たちの引き出し。そこにはたくさんのキラキラが詰まっていて、ワクワクしたのを覚えています。「ティファニー」の「ビーン」は、ギャラリーの名前とそら豆つながりです（フェブはフランス語で「そら豆」の意）。世代的にも「ティファニー」は憧れの特別なブランドでしたから、誕生日や結婚記念日に、少しずつリクエスト。ハイブランドのものがすべていいとは言いませんが、技術と信頼の積み重なりに、感銘を受けることも確かです。いつの日か娘も使う日が来るかもしれません。

「ああ、カーリンこういうの好きだったな」と思い出になる、そういうものになりうる力があると思います。さりげなく、でも確かなもの。自分自身もそうありたいと願っているのかも知れません。

すでに知っている形だと、「あれ、違ったかな？」という失敗がない上に、
素材が違うというだけで、コーディネートも新鮮な気分に。
いいものを作り続けているブランドを、応援する役割もあります。

「ゴーシュ」のパンツと「ヤエカ」のワンピース

「いいな」と思った形の服は、色や素材違いで複数枚持っています。ギャラリーとパン屋があるビルの1階は、友人夫婦が営むセレクトショップ「TONE」。ふたりが選ぶものは、作り手が信念を持った洋服たちばかり。その背景にある物語を聞くのがいつも楽しみです。

ここで知ったブランド「ゴーシュ」は、素材選びやカッティングが素晴らしくて、毎シーズン必ずチェックします。中でも定番のワイドパンツは秀逸。そのワイド具合が、私にぴったりなのです。カジュアルなチノからシックなウールやフラノ、同じ形でも見え方が全然違う。服はまずパターン、そして素材。窮屈じゃないの

ポケットの位置が独特で可愛い「ゴーシュ」のワイドパンツ。
「ヤエカ」のカシュクールはエレガントなワンピースとしてはもちろん、
ちょっとした羽織りものとしても、活躍します。

に、おしゃれに見える。私が服に求める必須条件を満たしてくれています。

なるべくなら吉祥寺で買い物して、地元の街を応援したいと思っています。通販も便利ですが、お店の方との会話は思いがけないものと出会い、たくさんのことを教えていただくいいチャンス。素敵なご夫婦がご近所に開いたセレクトショップ「プロム・ナドゥ」は、話題のブランドがあって新鮮です。スナップボタンのシャツから始まったブランド「ヤエカ」が並んだときは「吉祥寺で買える！」と、嬉しかったなあ。手にした藍染めのカシュクールが本当に大活躍で、コットンの白、シルクの黒と買い足しました。シルクになったとたん、同じ形なのにエレガントになるから不思議です。「おしゃれしよう」「買い物しよう」と思えるときは、気持ちも体も元気なとき。そういう意味では、私の健康のバロメーターです。

つい手が伸びてしまう刺繍アイテム

「アーツ＆サイエンス」のリメイクブラウスの袖に施された、
沖潤子さんのフリーステッチ。細やかだけどさりげない大人のテイスト。
身につけられるアート作品のような、大好きな１枚です。

毎日の食事以外、自分ではほとんど何も手作りしません。かごやセーター、刺繍などの手仕事は、達人たちの作品を買う専門。実際に作ってみて、使えるものになった試しがないのです。お菓子だって、上手な人のものを食べる専門。「人の仕事は取らないの」と強がっておりますが、でも人一倍手仕事のものが大好きで、いつも熱く全力で応援しています。手仕事のものは、完成までの時間や労力、作り手とものとの間にあるつながりをいただく気がしています。

刺繍のアイテムには、なぜか昔から強く惹かれます。そういえば小学校に持っていく布袋なども、名前が刺繍されると、とたんに「自分のもの」になる嬉しさがありました。ひと針ひと針、気の遠くなるような手作業は、根性なしの私には到底できません。本当に心から敬意を表します。でも作り手のみなさんは誰も、

中国広東省の汕頭で作られるスワトウ刺繍のハンカチーフ。
実用というより、「エレガントであること」について、考えさせてくれる
アイテム。美しい模様に、つい見入ってしまいます。

「好きで好きで、作るのが楽しい」とおっしゃる。そういう気持ちや空気感は、必ず作品に反映されると思います。

「持つハンカチは必ず白」と決めている、大好きな年上の友人がいます。それはひらりと膝の上に置かれたり、小さなバッグからときどきそっと取り出され、手に握られるだけだったり。その姿はとても優雅で、発する言葉やふるまいにも品が漂っています。「どれだけ役に立つか」「どれだけお手頃な値段か」といった価値観と、真逆に存在するもの。それこそがエレガンスなのかもしれません。

若い人を真似て「ウマい!」なんて言っている自分を大反省。「氏より育ち」と信じて、言葉使いやしぐさに気を配ることを、自分に誓います。エレガンスについて思い出させてくれるのは、そんな友人の存在と、スワトウのハンカチなのでした。

華やかな刺繍が施された黄色いニットは、吉祥寺の古着屋
「ガーニッシュ」で見つけたもの。
どこかノスタルジックな雰囲気も気に入っています。

「娘が大人になったら、一緒に買い物に出かけたり、お茶やランチをしたりできるのかな」と楽しみにしていました。ところが社会人になってからの娘は、いつも仕事でいっぱいいっぱい。何でも「できます！」「やれます！」と、どこにも時間の余裕がありません。心配ですが、好きな人と好きなことを仕事にしているのだから、応援するしかないと諦めることにしました。

娘の結婚とともにスタートした2世帯住宅は、助けたり助けられたり。横目で見る娘の着こなしは真似できないけれど、もらうアドバイスは百人力。古着屋を覗くようになったのも、娘の影響です。昔の服は、本当にちゃんと作られていますね。いいものを大切に手入れして着れば、バトンが渡せるということです。「わあ、どこの？」と聞かれて、「古着」と答える快感を覚えました。

「45R」で購入したレース刺繍のブラウス。
インディゴ染めで、これからどんな風に育つかも楽しみ。

上写真のブラウス、実は裏返しで着ています。それほど刺繍や縫製がきれいだということ。見えないところにこだわる、それこそ大人の感性ではないかしら。誰も見てなくても丁寧にきちんとやる。その積み重ねは、絶対表面に滲み出ることが分かります。利益優先で作られた服は、ギリギリの布でお直しができません。人生も服も、同じような気がしています。

少し前に復刻された、オランダ民話が元になった絵本です。
季節とともに移り変わる自然を眺め、それに合わせて生きるふくろう夫婦。
しあわせの意味について、考えさせられる1冊です。

手元に残したい絵本と新刊を必ず読む作家

かつて吉祥寺にあった絵本屋で、約10年アルバイトをしていました。子どもたちが幼稚園や小学校へ行っている間の、10時から2時までの時間です。絵本好きの若いスタッフたちは妖精のように純真で、キラキラしていました。唯一子育て経験のある既婚者の私の話を、興味津々で聞いてくれました。古典から新刊まで、たくさんの絵本や児童書も読み込みました。毎月本をお届けするブッククラブのリスト作りも、思い出深い楽しかった仕事のひとつです。絵本は子どもが読む前提ですが、短い文章でそれはそれは深い世界が描かれていて、哲学書のようでもあるんですよ。その中でも『しあわせな

ふたりに共通しているのは、しっかり見つめ、深く考えたことを
分かりやすく美しい言葉で綴る圧倒的な文章力。『春になったら苺を摘みに』、
『モンテレッジォ 小さな村の旅する本屋の物語』は特におすすめ。

ふくろう』は座右の書。どうしてこのふくろうの夫婦は幸せそうなんでしょう？ぜひ読んでほしい一冊です。

一日の終わりにベッドに入って、好きな本を読むのは至福のとき。本はまさに時間も距離も関係ないタイムマシン。行ったこともない国、会ったこともない人たちとの出会い。果てしなく広がる自由への扉です。「経験だけが確か」と言うなら、人生は限られた世界になりかねません。想像力を駆使して、分からないことにも寄り添ってみる。それこそが読書の醍醐味です。本は蔵書するより、読み終わったら誰かに渡したい、だからわが家に本棚はありません。でも内田洋子さんと梨木香歩さんの本は特別。いつもそばに置いておきたい、そばにいてほしい本なのです。誇り高きヴェネツィアのゴンドラ漕ぎや、山の家の小さな動植物の話は、くり返し触れていたい文章です。

暮らしを支えてくれる
座り心地のいい椅子

わが家のリノベーションも担当してくれた、「スタンダードトレード」。
浅いすり鉢状になったレザー張りの座面は、座り心地抜群。
デスクや手前のキャビネットも「スタンダードトレード」です。

床にしっかり足が着くか、背もたれの具合は問題ないか、肘掛けは必要なのか。椅子は売り場で短時間座っただけで判断するのが、難しい買い物です。小さな子どもも、足がちゃんと着いた状態で食事をするのがいいそうです。靴を脱ぐ日本の暮らしですが、どうやらスリッパやルームシューズの厚みも考慮したほうがよさそう。そんな風に思っていても立ち姿に恋焦がれ、「えいっ」と勢いで手に入れた椅子もあります。たくさんの条件を満たさなくても、お気に入りなら大丈夫。育てていくのも、楽しみのひとつです。気に入った椅子があれば、ごはんを食べる私、手紙を書く私、いろんな私を支えてくれます。姿勢よく仕事がはかどるのは、「スタンダードトレード」のダイニングチェア。仕事机に食卓に、欠かせない相棒です。

100〜101ページの写真は、使い始めて15年、本当に買ってよかったと思うソファです。立ち上がるのに「ヨイショ」と掛け声が必要なふかふかソファは、買って、使ってみて、私たちには向いていないことも分かりました。私は固めの座り心地が好み。でもほどよいクッション性も欲しいところ。今のソファは年数が経っても座り心地は合格、大きな花丸です。気分転換にかけ替えたいカバーもお手頃価格で、大人ふたりでやれば作業も簡単。スリーシーターは足を伸ばしての昼寝も快適です。

気軽には買えませんが、失敗や後悔も貴重な貯金。自分の本当の「好き」を見極めるためにも、椅子やソファこそ失敗を恐れずに選びたいものですね。

吉祥寺にある家具店「トランジスタ」の
オリジナルソファ。
あちこちでおすすめしていたら、
どうやらお店でもよく売れているそう。
長時間座っていても、疲れにくいのが嬉しいです。

第4章

私を守るもの　いたわるもの

この年齢になると痛感することは、
自分の心身を守り、いたわることの大切さです。
何も意識しなくても元気だった若い頃とくらべ、
どれだけ適切にケアするかによって
日々のパフォーマンスが格段に変わると言ったら大げさでしょうか。
不調やちょっとした不《ふ》定《てい》愁《しゅう》訴《そ》を感じる前に、
自分をご機嫌に、快適にできるものを知っておくこと。
これが長い人生、大きな差になるのでは……と思うのです。

私は「自分のために」というより、「誰か人のために」というほうが、力が出せる人間だと思います。でもそれは誰かに認めてもらって、誰かが褒めてくれて、初めて達成感や満足を得られるということでもあると気がつきました。ふり返ると、30代は本当にしんどかった。現実が内面の成長を追い越し、迫ってくる感じでした。いい妻・いい母親になりたいし、「ならなくちゃ」と、自分に足りないものばかりが気になって仕方がなかった。そんな自分を取り扱いあぐね、ほとほと嫌気がさして、自己嫌悪の暗い毎日でした。

「外で働こう」と勇気を出して一歩踏み出すと、仕事をすればお給料をいただける「社会」があって、心底救われました。家庭を営むことだけでは得られなかった喜び。夫や子どもたち、誰からも責められているわけではないのに、自分で自分を大事にすることができなかったんだと思います。とにかく「正しい」や「正しくない」と言う前に、「好き」か「嫌い」かを中心にすえて考えてみよう、そんな決意からの上書き作業。「こうせねば」から始めるのではなく、「私が本当に望んでいることは何?」と、自分自身に問いかける。心に不安や不満が積もるようになってきたら、「何が原因?」「どうしたらそれは解消されるの?」と考え、その解消法を実行する。長年かかってすっかり書き換えられた私のトリセツには、「人のことより、まず自分」と最初に書いてあります。自分を大切にできなければ、真の意味でまわりを大切にすることはできませんから。

できる女性たちはつい仕事優先で、自分の時間はあとまわし。仕事が楽しいし、成果は出るし、「全然疲れてません」「大丈夫です」と言います。でもね、そっと触れた背中はいつも、パンパンに張っているのです。痛みに強い人は要注意。「いいよ、いいよ」と、仕事を引き受けすぎていませんか？　男性がいくら優しくなっても、共働きは本当に大変だし、職場の男女平等だって、まだまだといったところが現実です。だからこそ、自分をいたわることは本当に大切です。職業遍歴20以上、そののちリヤカーで花を売り始めた友人の口癖は「自分の好きにすればいいんだよ」でした。今も私が、大切にしている言葉です。

「一緒に何かやりたい」と思える基準は何でしょう。好きなことを仕事にできている人は、輝いています。そしてその輝いている人たちは、自分のトリセツがよく分かっているように思います。仕事に全力投球だけど、やり過ぎていない。万一やり過ぎたら、あとからペースを落として休憩できる。みんな基本の暮らしがしっかりしています。きちんと食べて眠っています。そういうみんなと情報交換しながら、私を支えてくれている気持ちいいもの、お気に入りを集めてみました。

インナーウエアはシーズンごとに総とっかえ

春夏の愛用品は、素肌でいるより涼しく感じる「アサメリー」のタンクトップと、
大好きなストライプ柄が毎年必ず登場する「TESHIKI」のショーツ。
3枚購入し、その季節に使い倒して処分というサイクルで使っています。

思春期の女子校には、大人にはなりきれていないけれど、もう子どもでもない、不安定なエネルギーが充満していました。サガンやボーヴォワール、谷崎や三島の本を片手に。敷地内に修道院があるカトリック校でしたが、クラスは成績順に分かれていて、許しや博愛とのギャップを感じたものです。他人の能力を決めつけ、「200㏄のコップには、200㏄の水しか入らないから」と言い放った同級生は今、どうしているんだろう。大人になって山あり谷ありの人生を経験すると、学校の成績と人生の幸福は必ずしも比例しないことに気づきます。大切なことは、自分と同じように、目の前の相手やまわりの人を大事にすること。人とくらべる人生、あれもこれも「欲しい」ばかりでは、ちっともしあわせではないですよね。忙しすぎると、その字のごとく、心を亡くして先の心配や段取りばかりに気を取

秋冬のインナーは、「ハンロ」のシルクウールのキャミソール、
「スープレルース」のバックレースショーツ、
「weeksdays」のシームレスブラがお気に入り。どれも肌ざわり抜群です。

られ、不安な気持ちが増幅します。人に優しくなんてできませんね。

いちばん最初に身につける下着は、私にとって自分をいたわる基本の「き」。暑くて湿度の高い夏と、寒くて乾燥する冬とでは、着る下着も違うので、半年のサイクルで入れ替えます。目の前の今日1日を、気持ちよく丁寧に生きることが、5年、10年先の自分とつながります。気持ちのいい下着を選ぶことは、自分をいちばんにいたわる習慣のひとつです。

コップの容量は自分で決めましょう。生き方次第で、ゆったり大きくなるものです。水が満杯なら、少しの揺れでもこぼれてしまう。大きめのコップにゆとりを持って水が入っていれば、少々の揺れは平気なはず。いろんなことに思いを巡らせる余裕が、人生には必要だと思います。私にとって下着のことを考えるのは、そういうことにも通じているのです。

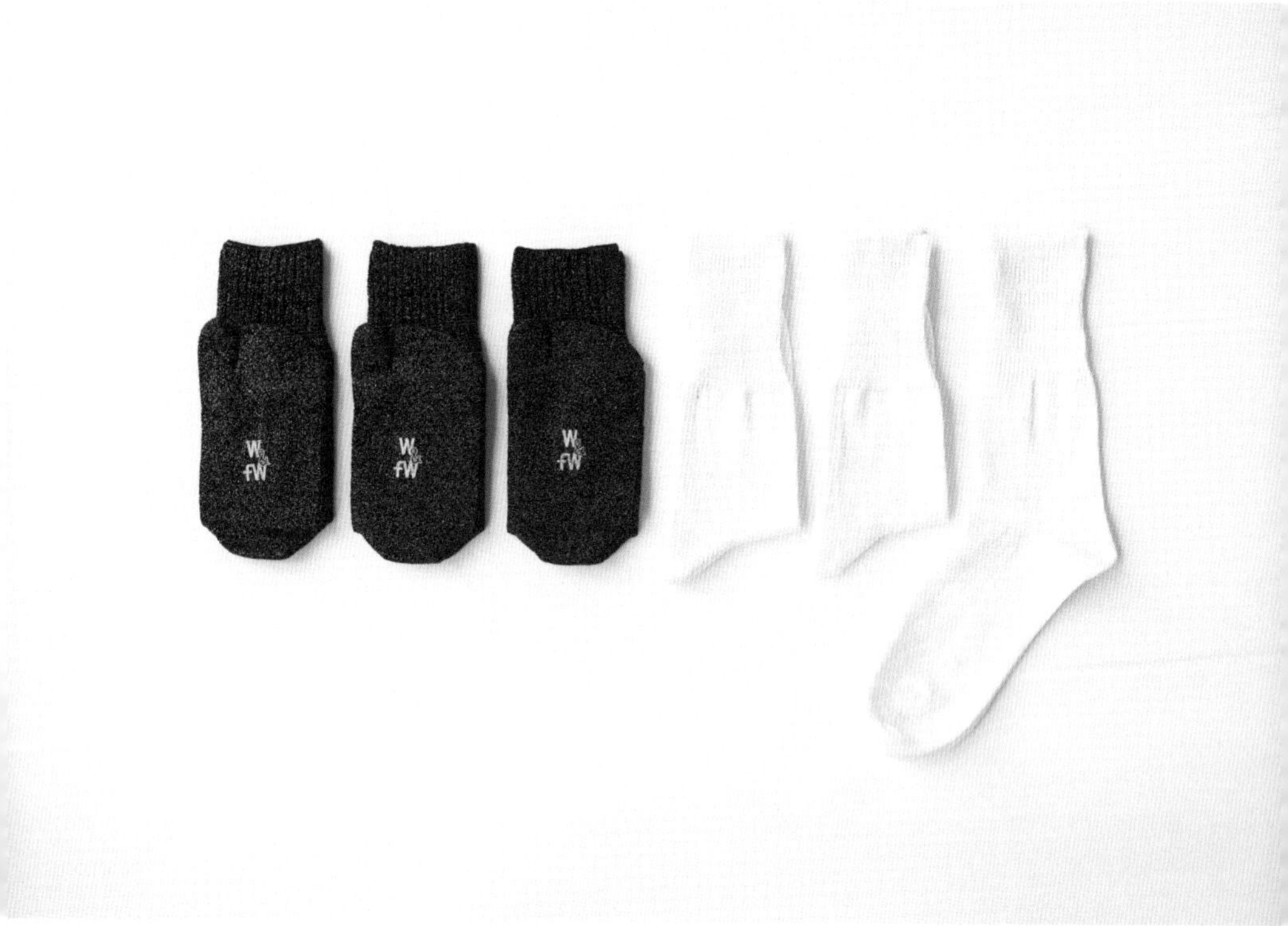

「w&fw」の「リネンソックス」と、ラメの「タビソックス」。
タビソックスは内側がシルクで、外側がコットンの二重構造靴下。
やわらかく肌あたりがいいので、はいていてストレスがありません。

ソックス&腹巻きで「冷え取り」を

「ずっと前の私と出会っていたら、きっと友だちにしてもらえてないな」と話す友人の三上津香沙さん。私の知らないその時代の彼女は、バリバリ仕事をして、まわりの人たちを蹴散らしていたんだろうか……。出会ったときはすでに、「人の不調を改善してあげたい」と心から願う愛にあふれる人でしたから、ピンとこないのが正直なところでした。

自分の病気と、西洋医学ではなく、冷え取りや整体でつき合っていこうと決めるのは、大変な覚悟だったと思います。中でも冷え取りは抜群の効果があったそうで、そこから彼女は靴下作りを開始。冷え取りがおしゃれと結びついたブラン

「正活絹」は、冷え取り健康法ではおなじみのブランドです。
今までさまざまなメーカーの腹巻きを試してきましたが、
薄さや肌ざわり、しめ具合など、使い心地はやはりこれがいちばん。

ド、それが「w&fw」なのです。

さまざまな情報にふりまわされず、自分の「気持ちいい」を優先させた勇気。「1日に2ℓの水を飲みましょう」と言われても、万人が受け入れられる健康法ではありませんよね。どんな健康法も、あくまでも基準は、自分の感覚だと思います。表裏のないサバサバしたパワフルな言動、大勢が「いい」と言っても、「ふ〜ん、そんなにいい？」と、しっかり自分で考える判断力を持つ女性。今や大切な友人のひとりです。

私の冷え取りはゆる〜いもの。シルクの五本指ソックスに、おしゃれなラメの「タビソックス」が基本です。夏の靴下は白と決め、「w&fw」のリネンソックスをまとめ買い。シルクの腹巻きは「正活絹」。もはやセカンドスキンと呼んでいいほど、長年の愛用品です。これらにいつも、お腹と足元を支えてもらってます。

「ユメドリーミン」の「ヘアクレンジング クレイ」と
「ウルオッテ」のヘアブラシは、頭皮の毛穴マッサージに使います。
「uka」のシャンプーとトリートメントは、爽快感があるタイプを。

ヘアケアは、気長にコツコツ続けたい

これまでの人生、髪にはほとんど何の問題もなく過ごしてきました。そういう意味では、両親から受け継いだ体質に感謝です。ところが2年ほど前に、円形脱毛斑を発見されてびっくり。「2か月くらい前のストレスが原因と言われていますが、何か思い当たりますか？」とのこと。思い返せば、娘が2人目を妊娠。ところがつわりがないのをいいことに、休日ゼロで働く日々。検診のたびに言われる担当医の厳しい注意もものともせず、仕事に邁進する姿に、心配が許容量を超えていたようなのです。

「これ」という治療法がないということでしたが、やれることはありそうです。

「ウルオッテ」のシャンプーは、夏季限定の「ミント＆シトラス」と「エキゾチックフラワー」がお気に入り。
頭皮やヘアケアには「シナリー」の「カミル ジンセン トニック」や「ユメドリーミン」の
「グロス＆パフューム i」「ウルオッテ」の「リペアミルク」や「ハーバルエッセンス 爽」なども活用しています。

まずは毛穴を清潔にして、頭皮のマッサージ。毛質を改善するシャンプーもいろいろ試してみました。年齢とともに細くなる髪は、まとまりにくい原因となるそうです。ありがたいことに、数か月後に改善の効果が出始めました。

シャンプーやコンディショナーを選ぶ基準は、やはりオーガニックであること。どうしたって顔や首にたれるので、嫌な感じがしないものを選んでいます。人工的な香りより、無香料か自然の香りが断然いい。この違いをかぎ分けられる感覚も、今やとても大切だと思っています。「お風呂は朝」と決めているので、大事なのはリラックスよりリフレッシュ。髪先や足裏からデトックスしていると言われているので、古い私を洗い流して、新しい私で1日をスタート。これが気持ちのいい毎朝の習慣になっています。

「ヴェレダ」の「ホワイトバーチ ボディオイル」は、朝風呂に合う
みずみずしいグレープフルーツの香りが魅力です。
「リファ」の「リファグレイス ヘッドスパ」は、お世話になっている美容師さんのおすすめ。

手のひらでいたわる私のボディケア

手のぬくもり。手をかける。手で自分をいたわるのは、最高の癒しだと思います。お湯を入れたバスタブに両足を入れ、立ったままで腎臓あたりの背中をオイルでぐるぐる。それからお腹まわりに移り、お湯につかったら首や肩、鎖骨をマッサージしてリンパの流れをよくします。定番のお気に入りオイルは、「ヴェレダ」の「ホワイトバーチ」。大好きな香りです。「リファグレイス ヘッドスパ」は、お風呂でも使えてとっても便利。頭皮も一緒にマッサージします。

もし自分の手に余るほど疲れが溜まってしまったら、人の手に頼るのもおすすめです。人の手でマッサージされると、

お風呂上がりには、こんなアイテムで体をいたわります。
「ヴェレダ」の「スキンフード ボディバター」、「オサジ」と草場妙子さんがコラボした「ボディゲル kokyu」、
「weeksdays」コラボのボディゲル「エルブ」。どれも素敵な香りです。

脳がとっても喜ぶそうですから。

肌は、何はなくとも「保湿」なんだそうです。孫たちもお風呂上がりは、ローストポーク並みにクリームを塗られています。思えば、いつから毎日お風呂に入って、毎日髪を洗うようになったのでしょう。少なくとも昭和の中頃は、毎日ではありませんでした。必要以上に清潔が優先されて、皮膚を保護している皮脂まで落とし、トラブルが起きている……何とも本末転倒な感じですね。

皮脂も水分も不足しがちな更年期には、謎のかゆみに襲われました。対策にはまず、習慣化が必要なようです。体はゴシゴシ洗わない。お風呂上がりには、軽めのクリームやジェルを全身に。下着は自然素材のものを。毎日続けると、特にかかとのしっとり具合に驚きます。こういう小さな喜びが、続けられるモチベーションになりますね。

右が「北見ハッカ通商」の「ハッカ油スプレー」、真ん中は「松栄堂」のお香たち。
左はアンティーク中心のセレクトショップ「マンシッカ」のオリジナルアロマキャンドル。
「食事のときも邪魔にならない香り」がコンセプトなのだそうです。

香りものを使って 上手に気分転換

戌《いぬ》年生まれのせいなのか、匂いに敏感です。毎年10月には、家族の誰よりも先に、風にのって香る金木犀に気づきます。顔を近づけてかぐ香りより、通り過ぎてふわっと香るくらいの、奥ゆかしい香りが好きです。

　ハッカの小さなスプレーは万能で、手のひらにシュッと吹きかけて、包み込むように深呼吸すれば、どこにいてもリフレッシュできます。虫刺されや鼻詰まり、花粉症でのズルズルからも、見事に復活しました。「松栄堂」の「堀川」のお香は、お客さまを迎える30分前に玄関で焚くのが習慣。家にいると、昨日の夕飯の匂いが残っていても、気がつかなかったりし

料理家として活躍するどいちなつさんが手掛ける「Wind for Mind」。
淡路島で大切に育てられたハーブを使った精油や蒸留水、
ハーブブーケなどを届けてくれます。蒸留水のパッケージも素敵です。

ますから。「わあ、いい香り」と、とても喜んでいただけています。定番の「好きな香り」を持っていると、豊かな気持ちになれます。

人類を最後に救うのは、植物なのではないか……と思っています。ご縁があって、淡路島から届いた、どいちなつさんの畑のハーブには驚きました（84ページ）。力強くも清らかなエネルギーが満ちあふれていて、植物たちから歓喜の声が聞こえてくるよう。愛情を注がれた植物とともに、人がその土地と調和するということに、とても感動しました。緊張する展らん会の初日や長い取材のとき、ハーブたちに何度助けられたことでしょう。ブーケに顔を埋《うず》めては深呼吸。キュッと葉を指で挟んで香りを何度かかぐだけで、太陽の光がキラキラ反射する朝露の淡路島へ、心はひとっ飛びです。蒸留水のスプレーもとても便利で、常備しています。

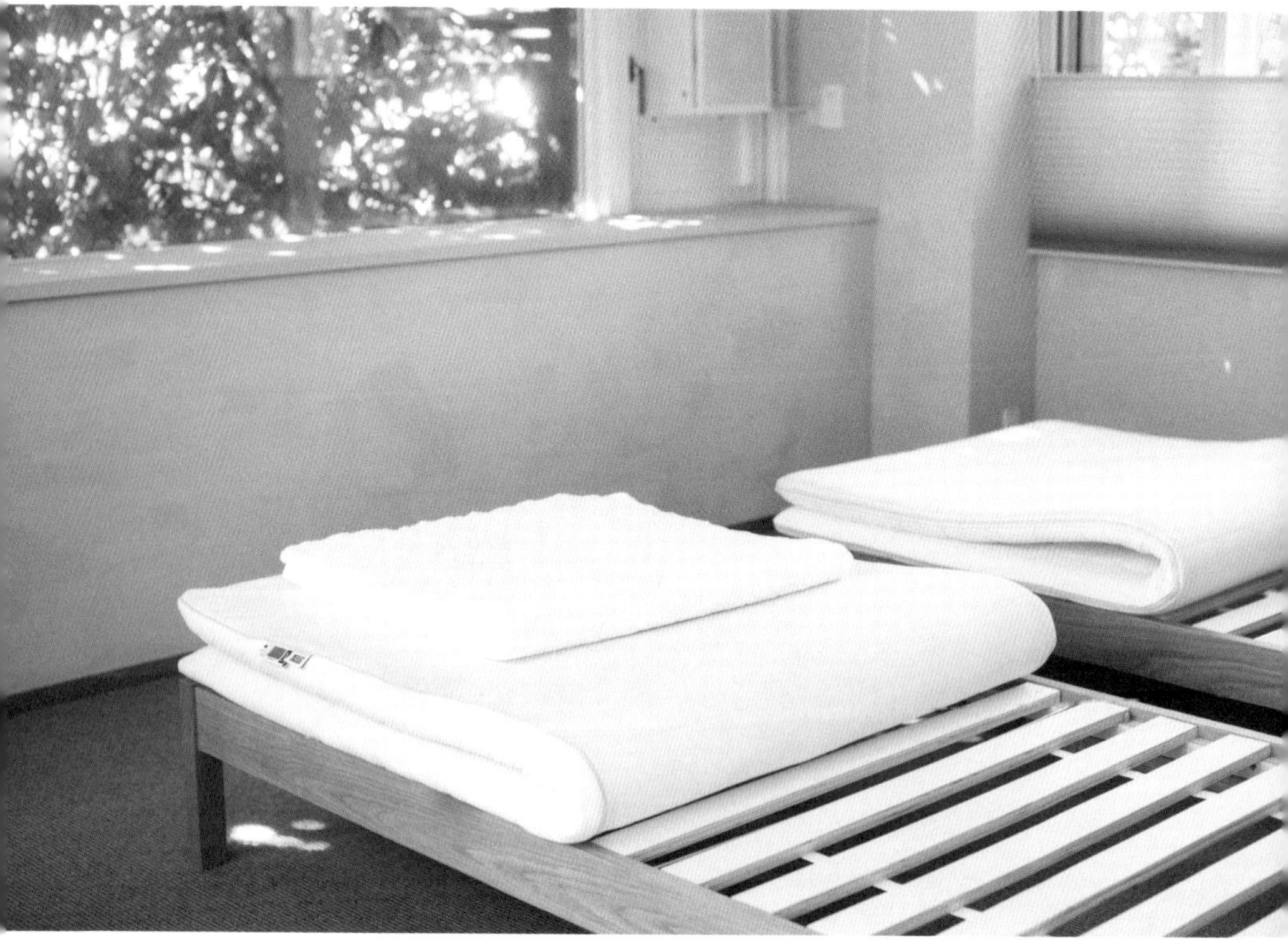

「アクタス」のすのこベッドに「エアウィーヴ」のマットレスパッドを重ね、
肌にも優しい「パシーマ」のキルトケットを敷く。
わが家のベッドは季節によって、向きも変えたりしています。

ベッドまわりを新しくしました

飼っていた犬が老犬になり、ベッドに飛び上がれなくなって数年間、ベッドフレームを使わずに低く寝ていました。犬がいなくなり、もう一度ベッドフレームを買うことにしました。近年、夏の暑さと湿気が尋常ではない日本。すのこのベッドで通気性を優先しました。湿度だけでなく、人間は寝ている間にコップ一杯の汗をかくのだとか。気持ちよくぐっすり眠る工夫は、常に進化中。取り入れられることは何でもしてみたい性分です。

ベッドの下も掃除機をかけたいし、置く場所も気軽に変えたい。ヘッドボードがないフレームは、向きにこだわらずにすむので、気軽に移動できます。すのこ

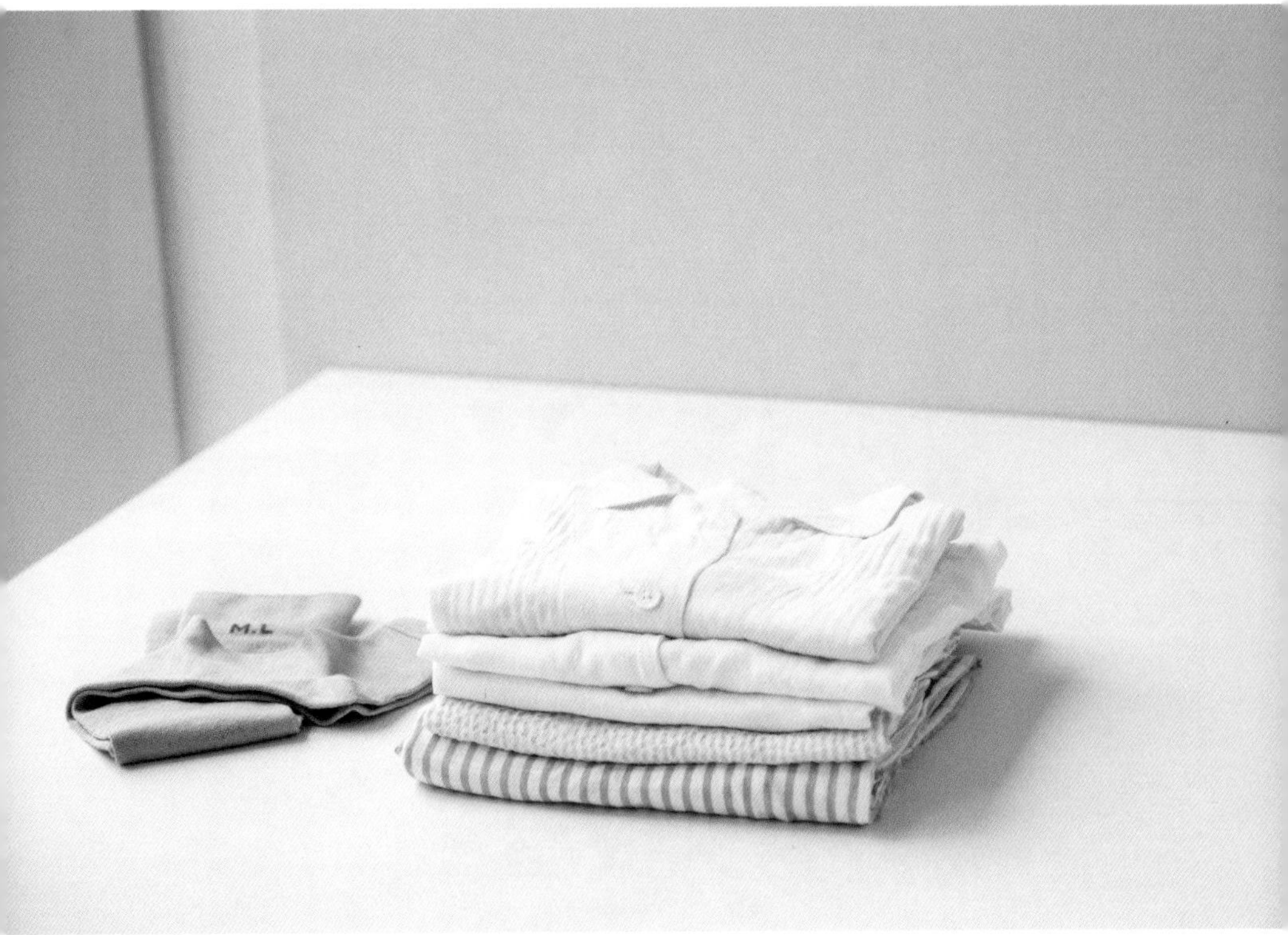

着心地のよい「プリスティン」のオーガニックコットンのパジャマ。
藤原美智子さんが手掛けている「MICHIKO. LIFE」のメディカルソックスは、
はいて寝るだけで、足のむくみや疲れを解消してくれます。

に「エアウィーヴ」のマットレスパッド、「パシーマ」のキルトケット。この組み合わせが、今現在の私のベストです。

「何を着て寝てる?」。若い人に質問すると、大抵はスウェットですね。寝具や寝巻きに贅沢するのは、大人の特権かもしれません。最近はお気に入りのブランドがパジャマを作ってくれていて、本当に嬉しい。昔はファンシーじゃないパジャマを探すのが大変でしたから。着心地で言えば、やっぱり「プリスティン」が好き。オーガニックコットンの気持ちよさに、つい手が伸びます。シンプルで素材のいい寝巻きやガウン、これから増えていきそうな予感です。

シーツやかけ布団カバーの洗濯は毎日は無理なので、枕カバーとパジャマを洗濯しています。ふくらはぎの筋力の衰えか、夜中にトイレに起きるようになりました。着圧ソックスで、改善を期待してます。

「オミノ洋傘店」の傘。ベージュとブラウンの2本を持っています。
ブーツは「エーグル」、レインコートは20年以上も前に買った
「ダーバン」のメンズで、これ以上のものをいまだに見つけられません。

梅雨どきの雨具と湿気対策

一体いつから傘が消耗品になってしまったのでしょう。「いい傘はなくしたときにショックだから」と、ビニールの安価な傘があっという間に広がりました。なくしても盗られても気にしない、ワンコインの傘。そうやっていろんなものが大事にされなくなる世の中です。私は職人さんが心を込めて作った傘が好きです。持ち手は竹。節があるので滑らず、持ちやすいんですよ。雨の日は、長年愛用のメンズのレインコートと長靴、そしてお気に入りの傘で出かけます。私の傘は自慢の一品。「持ってみて」と差し出すと、その軽さにみんなが驚きます。吉祥寺の傘専門店で、いろいろ教えてもらって選

「プラスマイナスゼロ」のサーキュレーターと除湿機。
かび防止だけでなく洗濯物の室内乾燥にも。
湿度管理とともに「空気をまわすこと」がとても大切なのだそうです。

びました。もちろん修理がききますから、何かあったら直しに出します。

珪藻土の壁で、暑い夏も帰宅するとひんやりしていたわが家。本当に爽やかで、快適に暮らしていました。ところがあるとき、壁にかびを発見。専門家たちの見立ては、「外壁に見えないひびがあるのだろう」とか、「断熱材が不足しているのでは」とか。でも何となくピンとこない(ここが大事です!)私は、「珪藻土　かび」で検索してみました。すると左官屋さんが書いたブログに、「新築マンションでも、珪藻土の玄関にかび」と書かれているではありませんか。珪藻土は湿気をよく吸うため、換気が上手くできないと、かびが出てしまうというのです。

普通換気扇は、洗面所とキッチンだけですものね。早速換気扇を増設する工事を行い、除湿機にサーキュレーターを導入。そして壁を漆喰に塗り直しました。

冬の日々を温めて潤し
快適に過ごす

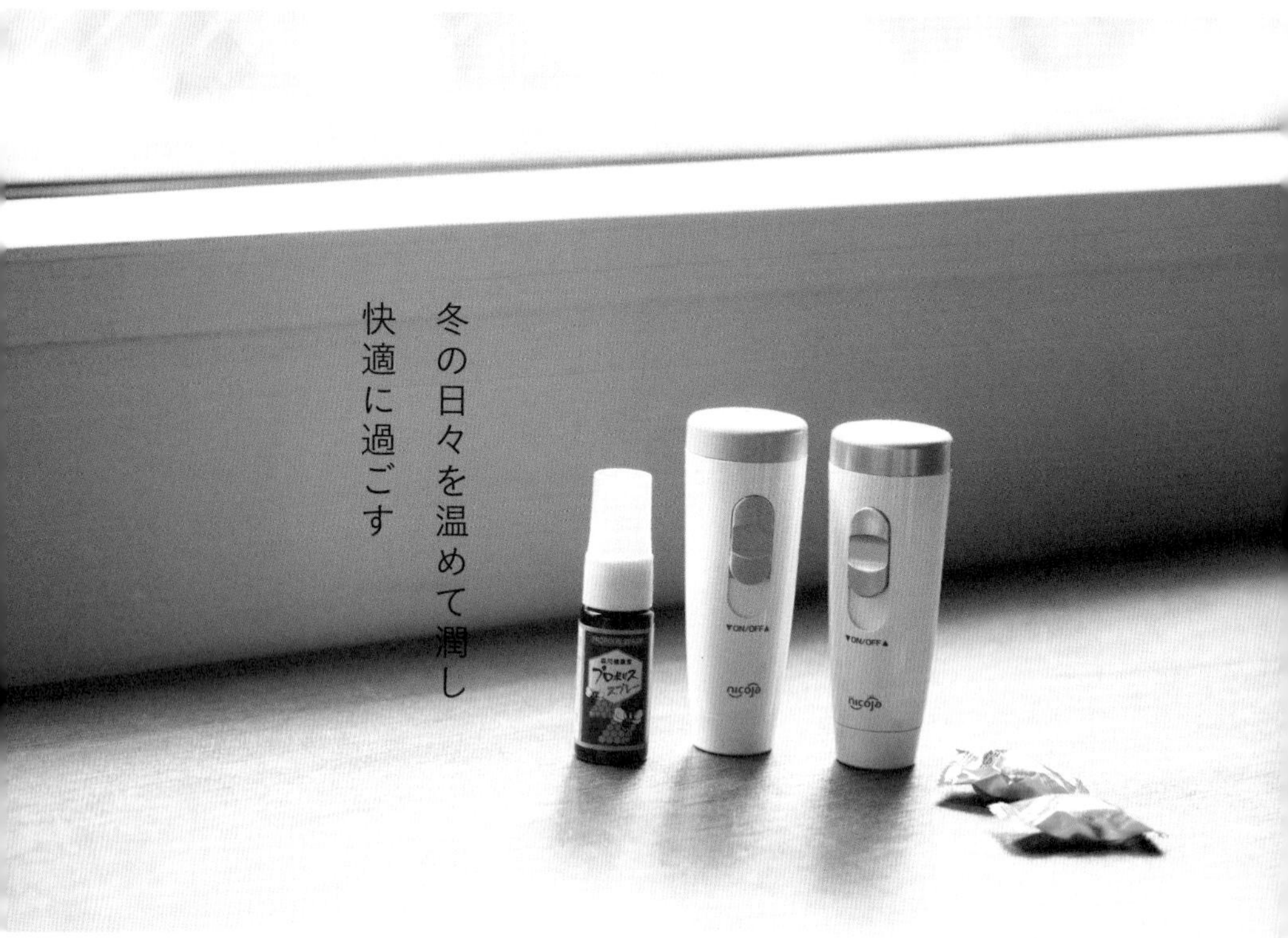

「のどミスト」は、夫のターセンと1個ずつ。
「森川健康堂」の「プロポリスキャンディー」と「プロポリススプレー」は
喉から風邪をひきそうなとき、効果てきめんです。

「元気と不調、どちらがいいか」と聞かれたら、元気がいいに決まっています。ところが人生、なかなかそうもいきません。でもここで大事なのは、不調に慣れてしまわないこと。「このくらい大丈夫」「まあ、こんなもの」と、不調を「なかったこと」にしない。体は必ず、何かしらサインを出してくれています。背中が張ってきたとか、喉がイガイガするとか。それを「何でもない」とやり過ごしていると、ガツンと大きな不調が襲ってきて、大いに反省するも、時すでに遅しです。

私は乾燥にめっぽう弱いので、エアコンの風が苦手。そんなとき、「通販生活」で購入した「のどミスト」は頼りになります。小型なので持ち運べて、どこでも気軽に喉を乾燥から守ってくれます。プロポリスも効きますね。備えあれば憂いなし。何とか瀬戸際で食い止める手段を、あれこれ備えておきたいものです。

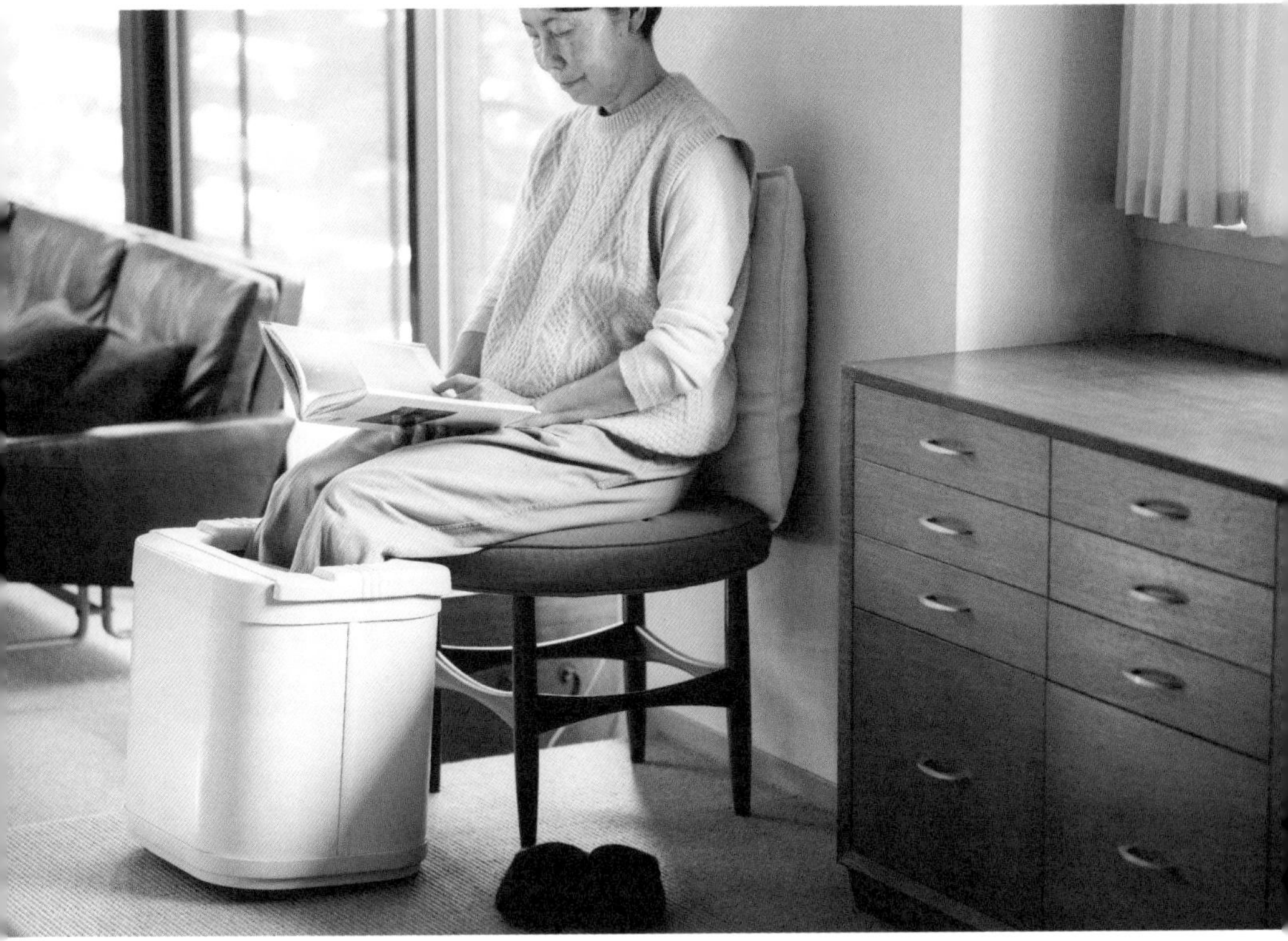

すでに20年選手の「フジカ」の「スマーティ レッグホット」。
遠赤外線でふくらはぎを温め、冷えを解消してくれます。
読書をしながら20分ほど。足だけでなく、全身も温まります。

「もう少し元気になりたいな」と思い、整体に通っていました。ところが「手足が冷えている人は、内臓も冷えていま す」「歳をとると、どんどん体が硬くなります」と毎回呪いの言葉をかけられ、ほとほと嫌気がさしました。間違っていないし、親切で言っているのかもしれませんが、言葉の力は想像以上に大きいものです。何をやっても、常に手足ぽかぽかにはなりませんし、体も柔軟に「開脚できました!」とはなりません。私は私の体と上手くつき合って、「何とかこれ以上悪くならなければいい」と思うようになりました。そうそう、友人はひどい低血圧ですが、早起きをまったく苦にしていません。人の体質はそれぞれなので、私は明るい冷え症になろうと思います。冷えた手足を温める方法をいくつか知っていれば、大丈夫です。

「ジョルダニアン デッドシー ソルト」と「ジョルダニアン デッドシー アロマ マッサージ ソルト」。
どちらも死海の深い層から採取した海塩を使っていて、
濃厚なミネラル成分によって保湿効果が。塩は浄化力も抜群です。

いろいろ試した入浴剤やバスグッズ

お風呂は夜に入ったほうがいいのは分かっています。ぐっすり眠ることができそうですよね。でも私は、夕食が終わると正直ヘトヘトなんです。お湯につかる元気も、髪を乾かす気力も残っていません。美味しい日本酒でほろ酔い気分の夕食後は、もうグダグダ、ダラダラ過ごしたい。洗顔と歯磨きが精一杯なのです。

朝のお風呂は、新しい1日を始める儀式。きれいさっぱりいろいろ流して、1日を新しい自分で始めたい。お塩を入れたり、マッサージしたりしていると、あれこれ心配なこと、余計なものが清められる気がします。そして何より、新しいアイデアや思いがぽ～んと浮かんでくる。お風

「クナイプ」のバスソルトは、中でも「パイン〈松の木〉＆モミの香り」がお気に入り。
「華密恋《かみつれん》」の薬用入浴剤は、乾燥肌や冷え症対策にも。
「BARTH」の「中性重炭酸入浴剤」は温泉のよう。手前が「ベリーマッチモア」の石鹼です。

呂上がりに電話やメールをすると、「えっ、連絡しようと思ってたとこ」なんて、ミラクルも起こるんです。

　酵素シロップのワークショップでお土産につけた小さな石鹼。それが「ベリーマッチモア」の浅野早央莉さんとの出会いでした。よく日に焼けたサーファーの彼女は、どこか神秘的。愛犬の皮膚病を自分の石鹼で治したそうです。香りのいい季節の植物がたっぷり使われていて、ピュアな材料で心を込めて作られている様子に感動しました。その彼女が、遊琴《ゆうきん》という楽器と出会います。「どうして弾けたのか分からない」と話していたのに、今では踊りや音楽を神社に奉納するまでになっているから不思議です。「お母さんの仕事は」と尋ねられると、息子さんたちが「祓いと清め」と答えるのも可愛い。大好きな石鹼とお気に入りの入浴剤で、いつも最高のバスタイムです。

植物の新芽の力に注目したジェモセラピー。フランスのボイロン社の
「コモンジュニパー」は腎臓と肝臓ケアのサポートに。医薬品ではないので、
「自分に合うな」と思うものを選ぶことが大切だと思います。

サプリメントは植物由来のものを

初めて飼った犬は雑種でした。「雑種は強い」と言われる通り、17年間大きな病気もありませんでした。もちろん不調で吐いたり、お腹を壊したりもしましたが、そうなるとひたすらじっと丸まって眠り続ける。その様子に、あるべき自然の姿を学ばせてもらった気がします。

私自身すぐ病院へ行く、すぐ薬を飲むということをしませんから、犬にも自然由来の補助的な栄養食品で、サポートしていました。動物は疑うことがあまりないし、体も小さいので、サプリメントがよく効いたと思います。消化力が落ちてきた、ならば酵素やアミノ酸。関節の動きには「アンチノール」……という具合。

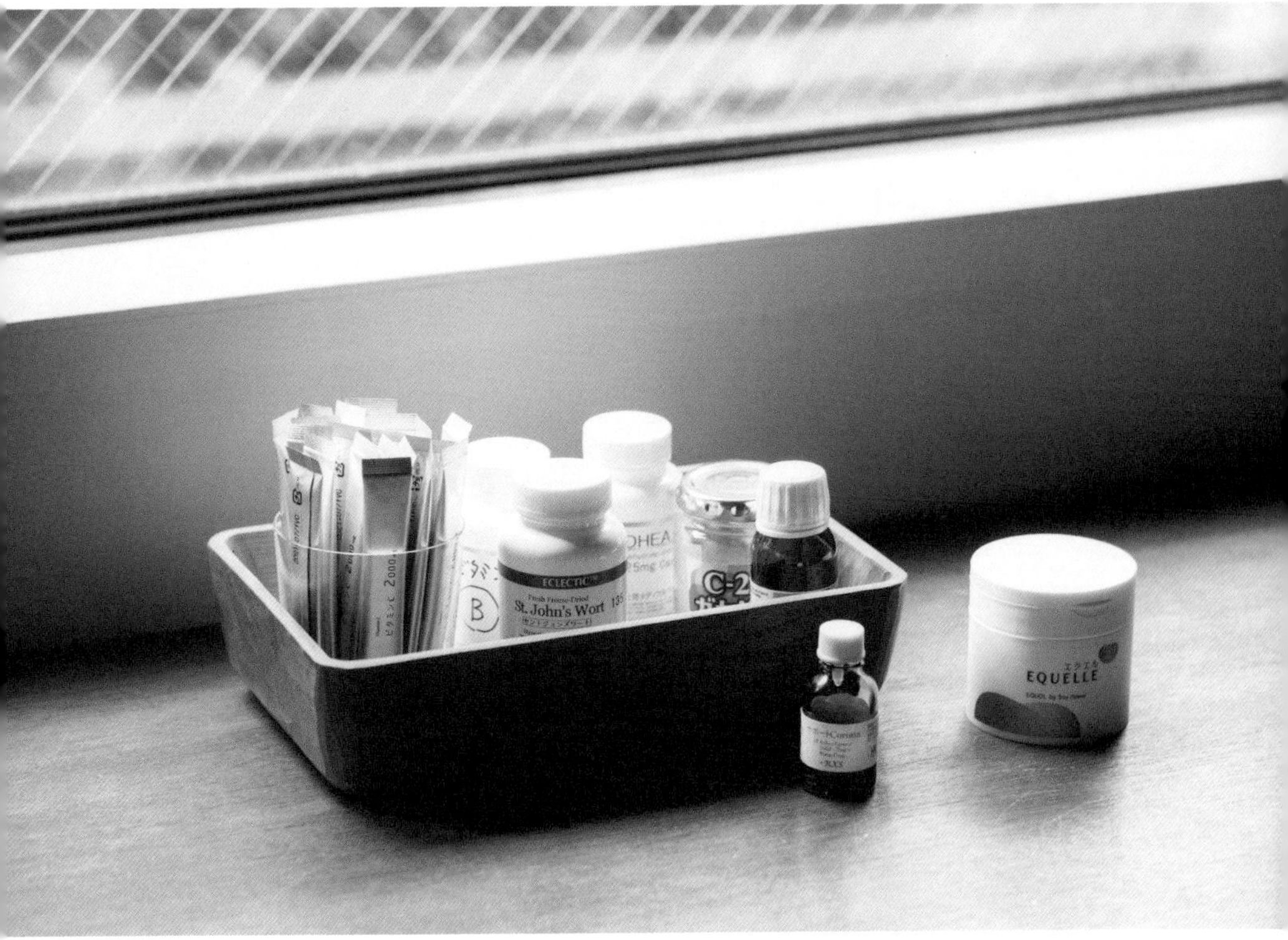

右は「大塚製薬」の大豆を乳酸菌で発酵したエクオール含有食品「エクエル」、隣はホメオパシーの「サポートコロナ」。
頭がぐるぐる休まらないときは「エクレクティック」の「セントジョーンズワート」のサプリを、
喉がおかしいときには、高濃度ビタミンCを水に溶かして飲んでいます。

年齢とともに弱る腎臓には、「コモンジュニパー」。ストレスは肝臓や腎臓に溜まり、特に腎臓は排毒に大切な臓器。人間用もあるので、私は今も続けています。「すぐ効く」「よく効く」というものには、疑心暗鬼です。「じわじわといつのまにか効いていた」「気がついたら調子が戻っていた」くらいが好き。無理に不調を抑え込んでも、また違った形で出てきますよね。50代のいろんな具合の悪さは、ホルモン低下が原因だと分かり、自然由来のサプリを飲み始めました。3週間くらいでその効果を実感。「気のせい」「気力が足りないのが原因」ではなかったことが分かり、すっきりしました。できれば食べ物で補えるといいのですが、食品の栄養価も昔にくらべたら落ちているそうで、食べ物だけでは難しいよう。これからもいろいろ試しながら、現状が維持できたらと思っています。

冷凍庫に常備している「浅草むぎとろ」の「味付とろろ」と、「みちのく小粒納豆」「鎌倉山納豆」、梅干し。冷凍とろろは、とろろそばとして冷たくても温かくても美味しく、海苔で挟んで油で揚げたり、お好み焼きの生地に入れたりと、大活躍です。

私の健康を守ってくれる長年の定番食材

何しろ山いもは、女性の味方だそう。薬膳素材としても有名ですよね。昔から不妊や更年期にも「山いもを食べなさい」と言われているとか。冷凍とろろを見つけてからは、わが家の冷凍庫には欠かせない存在に。納豆はお気に入りの2種。ねぎたっぷりの日、卵の黄身を入れる日、納豆オムレツもよく作ります。大根おろしとポン酢も合いますよ。

梅干しは、「かえる食堂」の松本朱希子さんのご実家から届くものを分けていただいています。瀬戸内海に面した畑でとれた梅を漬けた梅干しは、昔ながらの酸っぱいもの。厄除けとも言われる梅干しを口に入れると、ブラックカーリンが清

杉本さんから送ってもらった酵素シロップ。
この日は紫いもをメインに、りんごやすだちなどが入っていました。
自分の手で何日間か混ぜ続け、完成させていきます。

められるような気がするほどなのです。

生まれた瞬間にお母さんの産道にいた常在菌が全身を覆ってくれるおかげで、人間は病気から身を守れているそうです。このところ「抗菌・除菌」と声高に言われていますが、必要不可欠な菌まで殺菌しては、本末転倒です。酵素シロップは、季節のくだものやハーブ、スパイスと砂糖、自分の手にいる常在菌を混ぜて発酵させる飲み物です。1週間から10日、1日50回ほど混ぜていると、しゅわしゅわ〜と泡が立ってきて、それができ上がりの合図です。同時に「私の手にもしっかり常在菌がいるんだ」と嬉しい確認。

東日本大震災以来、酵素シロップ作りのワークショップを続けている杉本雅代さん。勉強を重ね、信念を持ち続ける強さ。みんなを元気にしたいという思い。何より美味しいシロップにしたいという努力に、いつも感謝しています。

第5章

人生は「選ぶこと」でできている

ひたすら前へ前へと過ごしていた時期も終え、
人生も後半戦に入り、年下の友人たちから問われ、
過去についてふり返ることも少しずつ増えました。
そうしてみると、私の人生は常に
「選ぶこと」で形作られてきたように思います。
何を選び、何を手放すか。そのことに対し、意識的であること。
その積み重ねで、私自身の人生の意味が
見えてきたように思います。

人生は「選ぶこと」でできている

右へ行くのか、左へ進むのか。立ち止まるべきか、まわり道したほうがいいのか。冒険家の選択は生死に関わる一大事です。私たちの日常の暮らしでは、そこまでじゃないと思っていませんか？　いえいえ、気がつかないだけで実は、九死に一生を得ているかもしれないのです。寝坊してその日はいつもと違う電車に乗ったとか、飲み会の誘いをめずらしく断ったとか、ラッキーとアンラッキーは表裏一体、誰でもこんなエピソードを持っていて、よく耳にする話です。私たちが意識して選ぶものもありますが、無意識や見えない力が働いていると思わずにはいられません。

人生で起きることを、人や世の中のせいばかりにしていると、いつまでたっても不満ばかり。自分の人生を生きているとは言えません。自分でそれを選んだ責任を持つ生き方のほうが、ずっと潔くて気持ちがいいと思います。私自身、そうなるまでには、たくさん練習しました。

改めて、私はいつもどんな基準で選んでいるのだろうと考えてみました。今日のおかずの材料を買いに行ったスーパーで優先しているのは、「直感」でしょうか。そこに目利きの担当者がいれば、今日食べたいアボカドを選んでもらうことも。服や靴、雑貨なんかもピンときて、何だかワクワクしたら買いますね。失敗を恐れないほうかもしれません。

大きな決断はどうでしょう。土地を買う、家を買う、仕事を変わるなどなど。そういうときに大事にしているのは、「自分だけがしあわせになればいい」と思わないことです。みんながしあわせになれるだろうか、みんなでしあわせになれるかしらということを大切にしています。

私はせっかちなので、「やりたい」と思ったらすぐに取り掛かって、早く結果を出したいタイプ。じわじわ温めていたら、ふくらんだ情熱の風船がしぼんでしまいます。あとまわしにせず、すぐ行動に移すことは、「機を逃さない」ことでもあると思っています。欲しいものは、ぐっと手を伸ばして掴まなければ、さっと逃げて、永遠に失ってしまうのです。もちろんできる限り、情報を集める手間は惜しみません。静かに耳をすましていると、必要なことは耳に入るから不思議です。

ギャラリーは、作家さんと時間をかけて作り上げる空間です。すでにものがあふれている世の中で、それでも必要とされる作品なのか、人をしあわせにする力があるのか、自分に問いかけながら見極めていくしかありません。人気があるから、売れるからと何でもしていたら、収入は増えても、責任を取れなくなることを分かっていますから、私はやりません。

カトリックの学校では「宗教の時間」があり、週に一度聖書を学びました。印象に残っているのは「ひと粒の麦」の話です。ひと粒の麦は地に落ちてこそ、命がつながり、実りとなるという内容だったと思います。自分の選択が世のため人のためとなったら、これほど嬉しいことはありません。

食べるものを選ぶ。住む場所もきちんと選ぶ。関わる人間関係や人生をともにする伴侶。しっかり目を開き、損得だけではなく、たっぷりの愛で、よくよく考えて選択することが大切だと思っています。

住む場所はとても大事です

ある人の言葉が忘れられません。「どんなに手を尽くしてその人を元気にしようと思っても、湿気の多い沼地のそばの住居から引っ越してくれなければ、治療、ましてや完治は本当に難しい」と。住む家は、その人の健康を大きく左右するというのです。住まい選びは、人生の最重要課題と言っても言いすぎではないのですね。

自分の収入や通勤時間、環境など、何を優先させるのか、年代によっても変わってきます。バリバリ仕事してお金を貯めるなら、狭くても職場に近いのがいいでしょうし、子どもができて環境が大事なら、郊外も選択肢のひとつです。窓が多いと明るいですが、冬はやっぱり寒い。南向きのリビングは日当たりがいいですが、夏の猛暑がこたえます。日本には四季があるので、1年を通して快適という物件はなかなかありません。

今は一軒家の2世帯住宅で、1階に私たち夫婦、3階に娘の家族が暮らしています。実は私、1階に住むのは人生初でした。ところが3階に行ったらびっくり、空が広がっていてお日さまが燦々《さんさん》です。同じ冬でも体感温度が全然違います。夏は逆で、「えっ、エアコンつけてないの？」と、娘によく驚かれるほど涼しい。何もかも条件を満たすのが無理だからこそ、優先順位をはっきりさせて選ぶしかないんですね。ちなみに1階のいいところは、気軽に出入りできること。友人たちも、吉祥寺に来たついでによく寄ってくれます。

娘が結婚を決めた人は、今までに出会ったことのないタイプでした。長髪にヒゲ、メガネに帽子、仕事内容を聞いても、今ひとつよく分からない。「子どもたちの結婚は、どんな人でも受け入れよう」と常々話していたので、「何だか面白い人を連れてきたね」と興味津々。保険証を持ったことがなく、病院へもほとんど行かないと言います。健康診断に行くというので、銀座の「上符メディカルクリニック」の上符先生にお願いしました。検査の結果、ふたりとも至って健康でしたが、鉛の蓄積を指摘され、「よっぽど古いところに住んでいませんか」って！ 飲み水に気をつけていても、シャワーやお風呂で、皮膚から吸収され体内に溜まるのだそうです。婿は古いものを自分の手で再生させるのが生き甲斐。新居に探した住まいも、廃墟のような建物をうっとり眺めるありさまでした。大事に育てた娘、これから生まれてくる孫を、そんな危険な目に遭わせるわけにはいきません。ターセンが全力で説得し、無事2世帯同居と落ち着きました。

私が住む場所に求めるのは、光がたっぷり入って、風が吹き抜け、空気が停滞せずに、気持ちよく流れることがいちばんの条件。次は細かく区切られていない、のびのびとした空間。リビングダイニングが広々としていて、逆に寝室は「こぢんまり」が理想です。こういう間取りのマンションはほとんどありません。子ども部屋や来客用など、細かく分かれている間取りが売れるのだそうです。

もし体調を崩したり、仕事や人間関係で上手くいかないことが続いたりしたら、住まいを見直してみるのもひとつの考え方です。引っ越しができなくても、模様替えや掃除でもずいぶん変わります。そして家と対話してみてください。「いい家だなあ」「気持ちのいい家だなあ」と、口に出して褒めてあげてください。そうすれば、いいときもそうでないときも、家はあなたのことをしっかり受け止めてくれると思います。

ものの手放し方、余白のつくり方

これから新生活を始める人には、一体何が必要でしょうか？　ごはんを食べるテーブルと椅子。中くらいのお鍋とフライパン。やかんは気に入ったものが見つかるまで、お鍋でお湯を沸かすとしましょう。まな板と包丁、小皿と大きめのお皿、ごはんにもスープにも使えるからボウルをひとつ。紅茶もボウルで飲むことにします。そんな風に「私には何が必要か」、空想するだけでワクワクします。でもこれは、今までの暮らしがあったから分かる最小限ですね。家の中を見渡すと、なければないで何とかなるものばかり。どれも決して最低限ではありません。

30代の後半だったと思います。「私はものを持ちすぎているから、これ以上買い物をしないで生きていこう」と決心したのです。今思えば、体も心も弱っている時期でした。そうしたら、ますます毎日がつまらない。楽しいことやウキウキすることさえも、地球のどこかの食べられない人や困っている人のことを考えて、罪悪感を持ってしまっていました。そんな経験から、「もしかすると買い物って、生きる力になっているんじゃないか」「生きているからこそ、あれが欲しい、これが食べたいと思うんだ」と気がつきました。

20歳で結婚してすぐに子どもができたこともあり、何はなくても食べること、食べ物が最優先の暮らしでした。今こうしてものや服が大好きで、楽しみながら買い物をしている私に、夫がとても驚いています。我慢しているわけではなかったけど、今日の魚、今日のくだもののほうが大事な買い物だったのです。当時の私は専業主婦で、家庭を支えている自負はありましたが、やはり自分で自由になるお金はあったほうがいいと思いました。「それがなくても生きていけるもの」を買う自由は、どんな人にも必要なのです。

楽しい買い物で、当然ものは増えていきます。コレクションする気も、執着もないと言っておきながら、私もかごやガラスの器があの量です。多すぎるものは、譲ったら喜びそうな人、大切にしてくれそうな人に使ってもらうのがいちばんですね。それにはボロボロクタクタになる前に、まだ使えるものをもらってもらうのが気持ちいい。普段は段ボールに器や服をまとめておいて、パン屋のスタッフたちが気ままに選べるように渡しています。それでも残ったら、寄付を受け付けてくれているところへ発送。それが私の、ものの循環法です。

たくさんものを持つには、体力や気力が必要です。主人公はあくまでも「私」。ものに圧倒されたり、支配されたりする暮らしは、くたびれます。雲ひとつない空を見上げて、のびのびと深呼吸するような、いい空気が流れる家にするために、ぎゅうぎゅう詰めはやめたいもの。混み合ってきたら、見直しの時間。いつの間にか増え続けたものの、取捨選択の時間です。

「あなたの家を思い浮かべてください、それがあなたの頭の中です」と恐ろしいことを言った人がいましたが、あながち間違いではないと思います。ものに執着せず手放すと、新しいものが入ってくるから不思議です。スケジュールが真っ黒だと、どんなにやりたい仕事でも他の誰かに譲ることになりますよね。余白は余裕です。手放したスペースに何がピッタリはまるのか、ワクワクして待ってみることにいたしましょう。

収納には余白を

収納を考えるとき、いつも大切にしているのは「余白を持たせること」です。
キッチンの横には扉つきの食器棚がありますが、器も重ねすぎないことで取り出しやすく。
奥まで手を伸ばせるように配置し、すべての器がスタンバイ状態に。

使用頻度の高い白い器たちは、取り出しやすい位置に。
好きな器は、重ねたときの佇まいも美しい。
季節によってしょっちゅう場所を入れ替え、より使いやすい配置を考えます。

食器棚の対面の棚には、
食材類のストックを収納。
鈴竹の合わせかごの身とふたを
分けて使い、中まで見渡せるように。

家を訪れた友人たちが、開くと驚くキッチンの収納。
なぜなら写真に写っている部分はそれなりに詰まっていますが、その他は余白ばかりだから。
定期的にチェックし、常に使うものだけを置くようにしておけば、
掃除も取り出すのもラクチンです。

寝室のウォークインクローゼットは、ふたりのオンシーズンの服と
ベッドまわりのリネン類を収めています。
こちらも整理しやすいように、適度な余白を持たせて。
オフシーズンの服は奥のフリールームのクローゼットに保管しています。

「NO」が言える嘘のない人間関係を

子どもの頃、友だちになるのは出席番号の近い人。私は「カ行」の友人が多かったし、夫はいまだに「ハ行」や「マ行」の友だちと仲良しです。いつもクラス替えは戦々恐々、親友と離れる悲劇。新しいクラスに馴染めず、何となく味わう疎外感。どれも今となっては、懐かしい思い出です。学校という狭い世界がすべてだった子ども時代、友だちづくりは大きな課題でした。

大人になったら、そんなこんなからは晴れて解放されるんだろうといい期待に反し、やっぱり人間関係は、どこにいてもついてまわる重要課題でした。気の合わない人は、職場にもPTAにもご近所さんにもいるものです。みんなそれぞれ育ってきた環境や、好きなこと、嫌いなことが違いますから。もちろん素敵な出会いがあるのも事実、たくさんの喜びがありました。合わない人とは、必要以上に近づかなければいいだけのことです。立ち向かわなくても戦わなくても、素通りすればいい。住む場所や仕事、人間関係でさえ、基本的に自分で選べることが、大人になった特権です。

私は一見社交的に見えるかもしれませんが、友だちが多いわけでもなく、買い物や外食も基本ひとりが苦になりません。人とすり合わせるよりも、自分のペースで動ける気楽さを優先させたい。家族といえども、それぞれが気ままに過ごす時間が基本。ごはんの時間に集合できれば、それで充分です。可愛い孫だって、自分の家に帰ってくれるから、また会いたくなると思っています。

　ギャラリーを始めてからの人間関係は、大袈裟ではなく主婦時代の１００倍くらいになりました。今まであまり触れ合うことのなかった、クリエイターと呼ばれる人たちとの濃い世界です。自分の好きなことを仕事にして、世の中にも認められ、人気のある作家たちは、自信にあふれる魅力的な人がたくさんいました。でもよくよく観察してみると、ふたつの人種がいることに気がつきました。

　やたら有名人や大企業の名前を出して、「僕が」「私が」と、自分を大きく見せようと必死な人。かたや多くは語らず、謙虚で、誰に対しても態度が変わることのない人。こういう人は、だいたい静かな人が多いです。自分の功績は自ら語るより、巡り巡って耳にするくらいのほうが格好いいなと、肝に銘じるきっかけになりました。

「カーリンのおかげ」と感謝されても、「いえいえ私が紹介しなくたって、あなたは世に出る人でしたよ」と、そっと微笑む格好良さ。そういう人になりたいものです。日本人はプレゼンテーションが苦手ですから、ついつい「私なんて」「本当に私でいいんですか」と言ってしまいがちです。自信過剰は問題ですが、謙虚ながら「やってみます」「やらせてください」と受け止めて全力投球。そうして信頼を積み重ねていけばいいと思っています。

　どんなに仕事で成功しても、自分ひとりの力ではありません。たくさんの人の賛同と協力があってこそできたということを忘れてはいけないと思うのです。人によって態度を変えるのは言語道断。分からない、バレないと思っても、そういうことは必ず耳に入ってくるものです。被害を受けた人から、「あの人はカーリンにはそういう態度はしませんよ」なんて聞かされたら、株は大暴落、取り返しがききません。できれば弱きを助け、強きに立ち向かう勇気で生きていきたい。そういう志は少しおつき合いすると、自然と伝わってくるものだと思います。

友だちも人間関係も、自分の意志で選ぶことが大切です。「会いたいなあ」と思える友だち。会うと元気になれる、キラキラした人。自分にはないパワーや前向きさを持っている人からは、学ぶことがたくさんあります。くよくよ悩んでいたことが相談すれば晴れていく、決してベタベタしてなくて、「またね」と、サラッと自分のステージに帰っていく。私の友人たちは、さっぱりしてて表裏がない人ばかり。自分が得た知識や情報を惜しみなくみんなと共有して、決して独り占めしたりしない。グーと握りしめる人よりは、パーと広がれる人が好きです。そうして私もそうなれているか、いつも自問自答することで、自分を高めることができるのです。今は年齢も性別も関係なく、気持ちのいい友人たちに囲まれていて本当にしあわせです。お手本にしたいと思えるような、素敵な人間関係。人生を生き抜く、かけがえのない宝物です。

もし人間関係に悩んでいるとしたら、まずは「NO」と言えるようになることから始めてみるのはいかがでしょう。「せっかく誘われたから」「断ったら悪いから」「嫌な人、変な人だと思われたくないから」と「YES」ばかり言っていたら、都合のいい便利屋になってしまいます。「NO」と言ったくらいで関係が壊れるなら、そういうものだったと思えばいい。

知人から聞いた、いい話。お子さんが保育園時代に、家で仕事をしていた彼女を頼って、たびたび助けを求めてくるママ友がいたそうです。遠慮がちな友人は、逆に自分が八方塞がりで本当に困ったときに「お願いできる？」とその人に聞いたら、「ああ、その日は無理なのよ」って（笑）。何だか嘘がなくていいでしょ。「いまだにその人とは、友だちです」とのこと。人間関係って、そうありたいなと思います。「あんなにやったのに」「してあげたのに」と、見返りを求めてしているなんて悲しいこと。もちろん親しき中にも礼儀ありではありますが、自分の本心が問われると思います。

人生や仕事に
優先順位を

社会人になって初めて就職した会社は、ボーナスが7か月も8か月も出るような会社でした。今考えると、いい時代だったと思います。本社のある東京での入社式のあとは、箱根で合宿、オリエンテーション。全国で採用された他の新入社員たちと親交を深めます。地元福岡に配属されたのちも、先輩がついてのOJT（実務を通じて業務を教える方法）、マナー教室や英会話。何と手厚く新人教育が行われていた時代でしょう。約ひとまわり年上のターセンは、教育期間が1年！　会社が若者たちをしっかり社会人に育ててくれた時代でした。

今やポンと社会に放り出された若者は、「電話の取り方を知らない」「敬語の使い方がおかしい」と叱られてばかり。即戦力にならないことには、生き残れない過酷な社会です。個人の携帯電話が当たり前の時代、親にかかってきた電話を取り次いだり、伝言を聞いておいたりする機会はほとんど皆無でしょう。いろんな世代で一緒に食卓を囲めば、耳から入るたくさんの情報も、家族バラバラで食事をしているのでは、多くを望めないのが現実です。先日も「子どもが欲しい」と妊活して、めでたく妊娠したので「ふたりで乾杯しました」という話を聞いて、びっくり仰天。「お酒は飲まないほうがいいんだよ」とやんわり伝えました。学校で教わらない常識は、かつては家庭で学んでいたんだと思います。

そんないい会社に入社した私もたったの3年で辞めてしまうんですから、会社にとっては大損、本当にお詫びの言葉もありません。先輩や上司の方々に心から謝りたい。でもその後悔をバネにして、今は「若い人たちの力になるぞ」と強く思っています。そのとき気づけなかった恩恵を、しっかり次に渡してつないでいきたい。知恵や工夫を惜しみなく共有しよう、そしてできるだけ寛容でいようと思っています。社外で自分の会社の上司の話をするときには「さん」をつけない、敬語を使わない。1歳未満の子には、はちみつを与えちゃいけない。職場は、友だちをつくりに行くところじゃないんだよ。誰かが教えてあげればいいことです。そして仕事や人生で大切なのが、優先順位を決めること。時間も労力も有限ですから、今何をすべきかを選ぶ習慣は、訓練して身につけるべきスキルです。

迫りくる問題や難題にアップアップしてしまうのはなぜでしょう。問題は集中して、ひとつずつ解決していきましょう。期日のあるものは、期日までにやる。とにかく今集中しなければならないことに、全力投球する。例えばヘアメイクさんが目の前に座る人に集中できず、鏡の中のあちこちを気にかけたら、興醒めです。自分の集中力が、いつどんなときに高まるかを、しっかり把握しておくことも大事。私は午前中が集中できるので、やらなければならない期限のあるものは午前中にすませます。午後は家事や買い物、ぼんやりアイデアを書き留めたりする時間に当てます。案外途中の昼食や夕飯の準備が、気分転換になっています。

頭の中がごちゃごちゃしてきたら、「見える化」させて、整理します。A4の紙をふたつ折りして、「やるべきこと」「やりたいこと」をリストアップ。ひとつずつ片付け、線を引いて消していくのは、快感です。私の場合、忙しくても美味しいものを食べたいから、材料の確保が優先順位の不動の1位ですけどね（笑）。

パーソナルトレーナーとの出会い

いくつになっても元気でいたい。漠然と「しあわせになりたいなぁ」と思う。ではいったいどんな状態が、元気でしあわせなのでしょうか？ たとえどんなに元気で健康に見えても、すごくしあわせそうに見えても、本人がそう思ってなければ成り立ちません。自分にとっての健康な状態や心の平安、満ち足りた感覚を、しっかり持つしかないということです。

私は健康優良児で表彰されるほど元気で、病気になるという経験が極端に少ない子どもでした。「病気になっても快復する」という経験は、小さい頃にたくさんあるほうがいいようです。大人になっていろんな不調に襲われると、「このまま死んでしまうんじゃないか」と、とても怖かったです。

「健康だったのに、おかしいなあ」「もう少し元気になりたいなあ」と、いろんなことを試してきました。特にピラティスは、15年以上続いたエクササイズです。ところが先生がスタジオを縮小するので、出張レッスンを終了するとのこと。同じタイミングで名古屋から定期的に来てくれていたヒーラーの友人が、結婚、妊娠。「しばらく上京は難しい」と言うではありませんか。私の健康と元気を支えてくれていたふたりが、同時に変化するタイミングがやってきたのです。

さて、これからどうしよう。もう少し筋力をつけたいけど、グループレッスンは苦手だし、ヨガは体が硬くて、私には向いてないし……。途方に暮れて、パソコンで「吉祥寺 パーソナルトレーナー」と検索をかけました。いる！　すごく近くにいい人が。早速予約して行ってみました。初回にもかかわらず、体に触らずに、左足の骨折経験も分かってしまう。私がものや人から影響を受けやすいことも見抜かれてびっくり。そういうことからくる不調をどうすればいいのか。「体を鍛えればいいんです」と、明快な答え。２０１８年のわが家の10大ニュース１位を飾ったのは、もちろん彼との出会いでした。

人間関係は、宇宙の星たちの動きに似ていると思いませんか？　接近したり、離れたり。毎日顔を合わせていた同級生たちとは、卒業と同時にてんでバラバラに。たった５００メートル引っ越ししただけで、会わなくなる人、行かなくなる場所。本当に不思議です。聞けば彼も、吉祥寺で3回目の引っ越しをすませたタイミング。いろんな試練を乗り越えて、「これからパーソナルトレーニングを充実させるぞ」というタイミングだったそうです。けれど「検索してホームページを見てきた人は、初めてだ」と言われました。ふふふ、私は検索能力があるのです。福岡の両親の介護つきマンションも、海のそばの保養所だった素晴らしい場所をパソコンで見つけて驚かれました。

私は他人の悩みや不調を聞いては、その具合の悪さを引き受けてしまうようなところがありました。悲しい物語やつらいお話に引きずられてしまう自分を、ほとほと持て余していたんです。「よ〜し、これから元気になるぞ」。張りついた背中の緊張が解けていくのを実感しながら、毎週トレーニングに励んでいます。

娘の妊娠生活は、私にとって大きなストレスになりました。「大丈夫だよ」のひと言で、休日ゼロの過酷な仕事、妊婦糖尿もありましたから、厳しい食事制限と自己採血の日々です。とうとう円形脱毛症になった私。何とか無事に生まれてきてくれるよう、祈るしかありませんでした。ほとほと疲れたときに、トレーナーの彼が言ってくれたひと言は忘れることができません。「僕がついてるから、心配ないですよ」って。大丈夫かどうかなんて、誰にも分からないことだけど、どれだけ彼の言葉に救われたことでしょう。

ひとりで不安や問題を抱え込まず、いろんな角度から人に頼る方法を見つけて実行すると、思いがけず光が見えてくるものです。「自分はこうだ」「私は大丈夫」と決めつけず、我慢しすぎないで、誰かを頼ってみるのもひとつの方法です。頼ったり頼られたりしてこその人生。遠くへ行かなくても、近くに力になってくれる人がきっといるはず。そうやって元気を取り戻せたなら、また自分も、誰かの力になれるのです。人に体を任せてみるのは、勇気のいることかもしれませんが、「何だか違った」と思ったら、そこから立ち去ればいいだけのことです。

医学、化学、物理の世界も、ものすごい勢いで発見があり、進歩しています。「それぞれの臓器に意思があるのでは」という説もあるそうですから、驚きですね。私が意識している「私」なんてもしかしたら、ちっぽけなものかもしれません。パーソナルトレーナーによる理にかなったトレーニング、分かりやすい説明。そして全然威張らない謙虚な姿勢。気づかせてもらった元気な状態を、キープできるようにしなくてはと思う毎日です。

毎日発信されてくる恐ろしいニュースのボリュームを下げて、先のことを心配しすぎずに、今できることを淡々とやる。お味噌汁を丁寧に作ってみるのもいいですね。そして信頼できる人に、頼ってみる。地に足が着いている状態をしっかり記憶できていれば、心も体も、何度でも再構築できると思います。

SNSはやりません

夜はぐっすり眠れていますか？　首や腰に、詰まったような感じはありませんか？　もし放射能や電磁波、ウイルスに色がついていて見えたりしたら、怖くて生活できないかもしれませんね。

私のイメージですが、今の暮らしは、情報の海に救命胴衣もつけないまま放り出されているような感じがしています。便利なものはいったん使い始めると、途中でやめたり、手放したりするのが難しい。便利と思っていたものに支配され、使っていた自分がいつの間にか支配されてしまうのです。

ひと昔前は、同じように目には見えない「結界」が、もう少しはっきりと存在していたように思います。人は遠い記憶の中で、無意識にその存在を分かっていて、畏れ敬っていたと思うんです。ところが夜の闇がどんどん明るく照らされて、丑三つどきでさえ買い物ができる時代です。知らぬ間に、夜の闇に隠れて悪事を働いていた人たちと交わってしまうようになったのです。

SNSは瞬時に世界とつながれる、グローバルなツールです。しかしそれはつながらなくてもいい人たちとも、つながってしまう危険をはらんでいるのです。便利なものこそ、使う側の良識や分別が問われると思っています。しっかりとその情報を見極めなければ、ふり回され、疲弊してしまいますから。私はいまだにスマートフォンを持ちません。夫は一度スマホにしましたが、「僕には必要ない」と、やはりガラ携に戻してしまいました。一日中パソコンを持ち歩く必要のある人が、どのくらいいるのでしょうか？　スマホを見ながら歩く人、電車でメールやゲームに夢中な人たちを見て、美しいとも羨ましいとも思えません。私には電話がかけられて、業務連絡的なショートメールができれば、それで充分なのです。それよりも移りゆく季節の中で咲く道端の草花、散歩する犬たち、通りの店先や空の雲を見ていたい。街に出たなら街の匂いをかぎたいし、喧騒の中の言葉を拾いたい。音楽が聴きたいなら、家のソファでゆっくり聴きたいと思います。

何もかも機能を詰め込んで、お財布までいらない時代になりました。追跡できてしまう私の居場所、盗まれてしまう私の情報、監視社会がすぐそこに来ています。冷蔵庫を買っても、洗濯機を買っても、こんなにたくさんの機能をいったい誰が必要として、誰が使いこなせているんだろうと思ってしまいます。そろそろ歩をゆるめませんか？　大事なものやことを大事にする時間を、もっと増やしませんか？

もしぐっすり眠れずに、いつもぼんやりしているようなら、パソコンや携帯電話と少し距離を置いてはいかがでしょう。久しぶりにゆっくり本を読むのもいいでしょう。目覚まし時計を買って、寝るときはスマートフォンを別の部屋に置いてみるのはいかがですか？　電気のない暮らしには戻れませんが、目に見えないものがジワジワ侵略してくる前に、自分の健康や暮らしに、何らかの守りの工夫は必要です。そろそろ「みんなと一緒」は卒業して、本当の心地よさを選んでもいいのではないでしょうか。

おわりに

「どっちでもいいをやめて、こだわりを磨いていこう」と書いておきながら何ですが、人生には白黒をはっきりつけず、グレーのままのほうがいいこともたくさんあると思います。私たちは一体どこからやってきて、死んだらどこへ行くのか、いや行かないのか。分からないから生きていけるとも言えます。そしてひとりひとりが「そうだろう」ということを信じていれば、それでいい。天国があると信じる人。輪廻転生があると信じる人。無になるだけだと信じる人。答えがひとつではないからこそ、人生が面白い。

自分の考えがいつも正しいとは限りません。自分以外の人の考えや意見に寄り添う寛容さはとても大切なことなのです。共感できなくても、「あなたはそう思うんですね」と思うこと。夫婦でも友だちでも親子でも仕事仲間でも、違うことでたくさんの発見があるはずです。

「ひとりで何でもできるように」「人に迷惑をかけないように」と、親にも先生にもそう育てられて、そのゴールを目指して生きてきました。でもそれだけでは何だか寂しいし、息苦しい。困っていたら誰かを頼りたいし、困っている人の力になれたら本当に嬉しいですよね。

「私」という輪郭を認識するために、好きとか嫌いとか、正しいとか間違っているとか一生懸命考えてきましたが、他者が選ぶ何かを否定するのだけはやめようと思っています。

私はどうしても改善・改革したくなる気質なので、「こうしたら少しでもよくなるんじゃないか」と、思いついたことを実行に移し、人にも助言してしまいがちです。でも同じことをやり続けることがやりがいで楽しい人もいるんです。ギャラリーのスタッフ・おはらあやは、「もし人類が全員自分みたいだったら、まだ竪穴式住居に住んでます」と笑わせてくれます。そんな彼女はお菓子作りがとっても上手で、フルーツサンドも大人気。いつも丁寧な仕事で、本当に感心しています。パン屋のスタッフたちもそうですね。職人たちは伝統を守りながら、黙々と技を磨き、同じ品質、同じ味を守ってくれます。私が思いつくアイデアを「面白い」と思ってくれて、実行してくれる人がいる。いろんなタイプの人がいるからこそ、思いが形になる瞬間です。それぞれのこだわりが上手く機能して、いいものができ上がるのは、限りない喜びです。

「どっちでもいい」をやめて何かを選択する強さと、「どっちでもいいよ」と寛容になれる強さは、決して対立しない、美しい調和だと思うのです。年々私の中で「調和」がキーワードになってきています。地に足が着き、どっしりと落ち着いている人への憧れ。混沌とした世界情勢、悪化する地球の環境。でも絶望だけでなく、しなやかに毎日を暮らす工夫。笑い飛ばす知恵。私の人生がそうであったように、大変な経験こそふり返って感謝できることに違いないのですから。

引田かおり

ショップリスト

P18
モーニングプレート（パン皿）
（タミゼクロイソ × 伊藤環 オリジナル）
タミゼクロイソ
tamiser.com

P19
バルミューダ ザ・トースター（K01E）
バルミューダ
https://www.balmuda.com/jp/toaster/

P22
極上竹フォーク（大）
虎斑竹専門店 竹虎
https://www.taketora.co.jp/

P23
木のスプーン
吉川和人
https://www.kazutoyoshikawa.com/

P25
'ReIRABO' cup S
yumiko iihoshi porcelain
https://y-iihoshi-p.com

P26
'aluminum tray'(square, rectangle)（写真・右上下）
yumiko iihoshi porcelain
https://y-iihoshi-p.com

お盆　真鍮銀めっき（写真・左中央）
東青山
https://www.higashiaoyama.jp

P27
栗丸盆（写真・右下）
（タミゼクロイソ × 高木克幸 オリジナル）
タミゼクロイソ
tamiser.com

P32
マルス ルモグラフ 製図用高級鉛筆　4B
ステッドラー日本
https://www.staedtler.jp

P33
シリコーン調理スプーン
コットンペーパー封筒・横型
約105×215mm　10枚
コットンペーパー封筒・横型
洋2・約114×162mm　10枚
無印良品
https://www.muji.com/jp/ja/store

カークランドシグネチャー ペーパータオル
コストコホールセールジャパン
https://www.costco.co.jp/

P36
ベトナムのかご（3個セット・白）
weeksdays（ほぼ日）
https://www.1101.com/n/weeksdays/

P38
マーチソン・ヒューム
"スーパー ネイティント"リキッド ハンドソープ
"ヘアルーム"ディッシュ ウォッシング リキッド
フジイ
https://fcl.co.jp/

P39
iori-friendly（伊織オリジナルマグちゃん）
伊織
https://www.i-ori.jp/

P44
Stella/ 茜染ワンピース
kitta
https://kittaofficial.com

P45
HATSKIデニムオーバーオールカツラギ
TONE
https://tune-inc.com/

P 46
Silk khadi skirt/ 福木染スカート
kitta
https://kittaofficial.com

P 47
チェン先生の日常着／バルーンパンツ　オリジナル
ANANDASIA
https://www.anandasia.com/

P 50
yunahica × chieko
／スタンダードデニム　インディゴ（写真・右）
yunahica（ユナヒカ）
https://www.yunahica.com/

P 52
ネロリラ ボタニカ ブルーミングシャワー（全身化粧水）
ビーバイ・イー
https://sincere-garden.jp/nerolilabotanica/

オーガニック ネロリウォーター
オーガニック アルバローズ ウォーター
レミオ・ジャパン
http://remio.jp/

カップ入コインマスク（フェイスマスクシート）
ロージーローザ
https://www.chantilly.co.jp/brand/rosyrosa/

P 53
ブラックローズ スキン クリーム
シスレージャパン
www.sisley-paris.com

ネロリラ ボタニカ リッチリフトクリーム
ビーバイ・イー
https://sincere-garden.jp/nerolilabotanica/

P 54
フローレス フィット
カバーマーク カスタマーセンター
0120-117133

P 56
BISLEY BA3/6 A3キャビネット
BISLEY COMBO
http://www.bisley.co.jp/

P 58
柳宗理　ステンレス片手鍋18㎝つや消し
佐藤商事
03-5218-5335

P 59
クイジナート　スリム&ライト ハンドブレンダー
(HB-200WJ・ホワイト)
コンエアージャパン
https://www.cuisinart.jp

P 66・70
かご
カゴアミドリ
https://kagoami.com

P 78
オリジナルオーバル皿
SOUPs　around the table
https://soup-s.shop

P 82
白いお皿
鋼正堂（ほぼ日）
https://www.1101.com/n/weeksdays

P 84
季節のハーブブーケ
Wind for Mind
http://windformind.jp

KOBO glass wide（LL）
流動研究所
peterivy.com

P 98
椅子（CHR-05A-L）
スタンダードトレード
https://www.standard-trade.co.jp

P100
3SEAT SOFA (Covering)
トランジスタ
http://transista.jp

P106
PANTS
TESHIKI
https://teshiki.com/

P107
WOOLEN SILK　キャミソール
HANRO（ワコール）お客様センター
0120-307-056

バックレースショーツ
スープレルース
http://www.soupleluz.com

cohan シームレスブラ／ノーマルカップ
weeksdays（ほぼ日）
https://www.1101.com/n/weeksdays/

P108
リネンソックス、ラメタビソックス
w&fw
http://www.wandfw.com

P109
正活絹の腹巻
スイートサイト
https://www.naturalwear.jp

P110
ヘアクレンジング クレイ
ツイギー
https://www.yumedreaming.com

uka Shampoo Wake up up up!
uka Hair Treatment Wake up up up!
uka
https://www.uka.co.jp/

P111
グロス&パフューム「i」
ツイギー
http://www.yumedreaming.com

P112
ホワイトバーチ ボディオイル
ヴェレダ・ジャパン
www.weleda.jp

リファグレイス ヘッドスパ
MTG
http://www.refa.net/

P113
スキンフード　ボディバター
ヴェレダ・ジャパン
www.weleda.jp

ボディゲル kokyu' Herbes
OSAJI
https://osaji.net

P114
ハッカ油スプレー
北見ハッカ通商
https://hakka.be/

芳輪　二条 スティック型　20本入
芳輪　堀川 スティック型　20本入
香老舗 松栄堂
https://www.shoyeido.co.jp

オリジナルアロマキャンドル「No.6」
MANSIKKA antiques
https://mansikka.jp

P115
芳香蒸留水
Wind for Mind
http://windformind.jp

P116

MIMOSA BED（すのこベッド）
アクタス
https://www.actus-interior.com/

パシーマキルトケット
龍宮
http://pasima.com/

P117

メディカルソックス
エクロール
https://michiko.life/

P119

±0 プラスマイナスゼロ
DC サーキュレーター、除湿器
プラマイゼロ
https://www.plusminuszero.jp

P120

通販生活ののどミスト
カタログハウス
https://www.cataloghouse.co.jp

プロポリスキャンディー
プロポリススプレー
森川健康堂
0120-13-5538

P121

スマーティ　レッグホット
フジカ
https://www.smartyclub.net/

P122

ジョルダニアン デッドシー ソルト
ジョルダニアン デッドシー
アロマ マッサージ ソルト【キング　オブ　ザ　サン】
BARAKA
baraka-style.com

P123

クナイプ グーテルフト バスソルト
パイン〈松の木〉&モミの香り
クナイプジャパン
https://www.kneipp.jp/

華密恋薬用入浴剤
SouGo カミツレ研究所
https://www.kamitsure.co.jp

BARTH 中性重炭酸入浴剤
TWO
barth.jp

石鹸
very much more
http://verymuchmore.jp/

P125

エクオール含有食品「エクエル」
大塚製薬
https://www.otsuka.co.jp/eql/

P126

味付とろろ
浅草むぎとろ
https://www.mugitoro.co.jp/online

みちのくカップ3P
登喜和食品
http://www.tokiwa-syokuhin.co.jp

鎌倉小粒
野呂食品
http://www.nattoyasan.com/

P127

酵素シロップ
杉本雅代
www.masayosugimoto.com

＊掲載商品はすべて2021年3月現在の情報です。掲載商品の一部は販売を終了しているもの、デザインを変更しているものがあります。あらかじめご了承ください。
＊掲載商品はすべて著者の私物です。現在、販売されていないもの、購入できないものなど、一部問い合わせ先を掲載していないものもあります。

引田かおり

夫の引田ターセンと共に、2003年より東京・吉祥寺にある「ギャラリーfève」とパン屋「ダンディゾン」を営む。

さまざまなジャンルの作り手と交流を深め、新しい魅力を引き出し、世に提案していくことを大きな喜びとしている。

著書に『私がずっと好きなもの』(マイナビ)、ターセンとの共著に『しあわせな二人』『二人のおうち』『しあわせのつくり方』(すべてKADOKAWA)がある。

デザイン　渡部浩美
写真　濱津和貴
校閲　円水社
DTP　三協美術
編集　田中のり子

「どっちでもいい」をやめてみる

2021年4月12日　第1刷発行
2021年5月10日　第2刷

著者　引田かおり
発行者　千葉 均
編集　櫻岡美佳
発行所　株式会社ポプラ社
〒102-8519　東京都千代田区麹町4-2-6
住友不動産麹町ファーストビル
一般書ホームページ　www.webasta.jp
印刷・製本　中央精版印刷株式会社

ISBN978-4-591-17001-4　N.D.C.914　159P　21cm　Printed in Japan

P8008339